À mesa de Betânia
A fé, a tumba e a amizade

Coleção Água Viva

A arte de purificar o coração – Tomáš Špidlík

À mesa de Betânia: a fé, tumba e a amizade – Marko Ivan Rupnik

"Abraçou-o e o cobriu de beijos" – Marko Ivan Rupnik

Ainda que tenha morrido, viverá: ensaio sobre a ressurreição dos corpos – Olivier Clément e Marko Ivan Rupnik

Nós na Trindade: breve ensaio sobre a Trindade – Tomáš Špidlík

O discernimento – Marko Ivan Rupnik

Oração de repouso: o essencial é simples – Peter Dyckhoff

"Procuro meus irmãos": Lectio Divina sobre José do Egito – Marko Ivan Rupnik

Marko Ivan Rupnik

À mesa de Betânia
A fé, a tumba e a amizade

Dados Internacionais de Catalogação na Publicação (CIP)
(Câmara Brasileira do Livro, SP, Brasil)

Rupnik, Marko Ivan
   À mesa de Betânia : a fé, a tumba e a amizade / Marko Ivan Rupnik;
[tradução Paulo F. Valério]. — São Paulo : Paulinas, 2007. — (Coleção
água viva)

   Título original: Alla mensa di Betania : la fede, la tomba e
l'amicizia
   Bibliografia.
   ISBN 978-85-356-2092-4
   ISBN 88-86517-85-8 (ed. original)

   1. Amizade   2. Contemplação   3. Doenças - Causas
4. Evangelização 5. Pecado 6. Vida cristã 7. Vocação I. Título
II. Série

07-6705   CDD-248.4

Índice para catálogo sistemático:
1. Vida Cristã : Cristianismo   248.4

Título original da obra: *Alla mensa di Betania: la fede, la tomba e l'amicizia*
© Centro de Cultura e Formação Cristã (CCFC) – Arquidiocese de Belém – PA,
com licença da Editora Lipa, Roma.

1ª edição – 2007
1ª reimpressão – 2021

Direção-geral:	*Flávia Reginatto*
Editora responsável:	*Vera Ivanise Bombonatto*
Tradução:	*Paulo F. Valério*
Copidesque:	*Cirano Dias Pelin*
Coordenação de revisão:	*Marina Mendonça*
Revisão:	*Marcia Nunes e Jaci Dantas*
Direção de arte:	*Irma Cipriani*
Gerente de produção:	*Felício Calegaro Neto*
Capa e produção de arte:	*Manuel Rebelato Miramontes*

*Nenhuma parte desta obra poderá ser reproduzida ou transmitida
por qualquer forma e/ou quaisquer meios (eletrônico ou mecânico,
incluindo fotocópia e gravação) ou arquivada em qualquer sistema ou
banco de dados sem permissão escrita da Editora. Direitos reservados.*

Paulinas
Rua Dona Inácia Uchoa, 62
04110-020 – São Paulo – SP (Brasil)
Tel.: (11) 2125-3500
http://www.paulinas.com.br – editora@paulinas.com.br
Telemarketing e SAC: 0800-7010081
© Pia Sociedade Filhas de São Paulo – São Paulo, 2007

Introdução

À mesa da casa de Betânia, descrita no capítulo 10 do evangelho de Lucas, encontramos Cristo com as duas irmãs Marta e Maria. É uma cena que revela relações intensas mas, ao mesmo tempo, não simples. De fato, para compreender mais profundamente essas relações, é necessário perceber o desenvolvimento delas no capítulo 11 de João, o capítulo da ressurreição de Lázaro, em que a relação entre as irmãs e também a de ambas com Cristo amadurece até o ato conclusivo, descrito em Jo 12, com a ceia em honra do Senhor, como agradecimento pela vida restituída ao irmão. Esses textos que dizem respeito a Betânia falam da amizade, do amor, da enfermidade, da morte e da superação da morte. São textos que exalam perfume de óleo, de ungüento, de intimidade, de festa, mas também são relatos de lágrimas e de admoestações.

Juntando as narrativas evangélicas acerca de Betânia, de Marta, Maria e Lázaro, percebemos que a relação com Cristo não é um dado de fato óbvio, que ali nada é dado por descontado, mas que se trata de uma realidade dinâmica, ao ritmo da dor e da alegria, da doença e da cura, do luto e da festa, porque se trata de uma passagem da morte para a vida. É um caminho, não um simples amadurecimento, antes uma parábola, que tem um início e uma meta. Não é um caminho linear, porque não corresponde a um projeto de estrada, tampouco a um "projeto" de vida. Trata-se de um chamado, de uma voz que atinge você, um rosto que envolve. É, portanto, uma história.

A dinâmica da vocação é sempre a história não de uma pessoa isolada, mas ao lado das outras. Envolver-se com Cristo significa vir fazer parte de uma urdidura, de uma rede de relações. Não pode existir, ao mesmo tempo, amizade com o Senhor e ruptura com o outro. A vocação, ou seja, a história de quem se deixou envolver com Cristo, torna-se também missão, e que não é um projeto a ser elaborado, mas testemunho desse próprio chamado, que coincide com a própria salvação, a expressão concreta do amor de Deus por nós. E o testemunho é dado em relação com o núcleo da questão, que é a morte.

Com efeito, os seres humanos distinguem-se pelo modo como enfrentam a questão de fundo, que é a da própria insuficiência, ou seja, da insuficiência ontológica. O ser humano constata seu perecer, a incapacidade de garantir-se a vida, de conservá-la para si. Como suprir tal insuficiência da vida? Esta é a questão que diferencia os seres humanos. Cristo fez justamente da morte o espaço de sua suprema revelação. Não só. Foi na morte que ele pronunciou tudo o que o Pai gostaria de dizer à humanidade. Por essa razão, também quem o segue, quem responde à sua voz que chama, viverá o seu *kairós*, o seu tempo pleno, na fragilidade típica da condição humana, fazendo da morte a razão do crer (cf. Jo 11,15: "Por vossa causa, alegro-me de não ter estado lá, para que creiais").

Para compreender melhor essa dinâmica da vocação, que é amizade com Cristo e que, ainda que enfermos e mortais, nos faz alcançar a salvação eterna, a imortalidade e a festa, é preciso recorrer também ao capítulo que precede o da ressurreição de Lázaro, o capítulo 10. Nele, Cristo diz ser o Bom Pastor, que chama as ovelhas, protege-as e dá a própria vida por elas. O capítulo 11, no qual Cristo ressuscita Lázaro, conclui-se com

Introdução

O ódio contra Cristo e a explícita decisão de matá-lo, o que é confirmado em Jo 12, em que é organizada a festa em honra de Cristo. Mas o capítulo conclui-se com seu encaminhar-se para Jerusalém, onde o espera a morte.[1]

---

[1] Para as referências exegéticas do presente texto, que pretende ser uma reflexão espiritual a partir das sugestões dos trechos evangélicos que dizem respeito a Betânia, servi-me das seguintes obras (enumeradas em ordem cronológica), que utilizo amplamente: BROWN, R. E. *The gospel according to John. 1:I-XII; 2:XIII-XXI.* New York, Doubleday, 1966-1970. Trad. it.: *Giovanni. Commento al vangelo spirituale, Commenti e studi biblici.* 3. ed. Assisi, Cittadella, 1991. MATEOS, J. & BARRETO, J. *El evangelio de Juan.* Madrid, Cristandad, 1979. Trad. it.: *Il vangelo di Giovanni, lettura del Nuovo Testamento.* 2. ed. Assisi, Cittadella, 1990. CULPEPPER, R. A. *Anatomy of the fourth gospel. A study in literary design. Foundations & facets. New Testament.* Philadelphia, Fortress Press, 1983. KREMER, J. *Lazarus. Die Geschichte einer Auferstehung. Text. Wirkungsgeschichte und Botschaft von Joh 11,1-46.* Stuttgart, Verlag Katholisches Bibelwerk, 1985. MARCHADOUR, A. *Lazare. Histoire d'un récit, récits d'une histoire.* Paris, Éditions du Cerf, 1988, Lectio Divina 132, retomado depois in "La fécondité d'un texte", in *Origine et posterité de l'évangile de Jean,* XIIIᵉ Congrès de l'ACFEB, Toulouse (1989), publicado sob a direção de Alain Marchadour, Paris, Éditions du Cerf, 1990, pp. 173-183, Lectio Divina 143. LÉON-DUFOUR, X. *Lecture de l'évangile selon Jean, I-IV.* Paris, Seuil, 1987-1996. Parole de Dieu. Trad. it. *Lettura dell'evangelo secondo Giovanni, I-IV.* Cinisello Balsamo, San Paolo, 1990-1998. FAUSTI, S.*Una comunità legge il vangelo di Giovanni I.* Milano, Àncora-EDB, 2002. SIMOENS, Yves. *Selon Jean. 1. Une traduction. 2. Une interprétation.* Bruxelles, Éditions Lessius, 1997. Trad. it.: *Secondo Giovanni. Una traduzione e un'interpretazione.* 2. ed. Bologna, EDB, 2002. Este é o último estudo de certo fôlego publicado sobre o evangelho de João, razão pela qual pode ser útil consultar também a bibliografia reproduzida no apêndice. Muito devo a todos esses textos, além dos artigos acerca de aspectos individuais do evangelho joanino de I. de la Potterie e de U. Vanni. A partir de uma perspectiva geral, foi também muito interessante a leitura do texto de Bulgakov, "Bogoslovie evangelija Ioanna Bogoslova", *Vestnik Russkogo Christianskogo Dvizûenija,* 1980, n. 131, pp. 10-33; 1981, n. 134, pp. 59-81; n. 135, pp. 26-37; 1982, n. 136, pp. 51-67, n. 137, pp. 92-107. Também levei em consideração os textos patrísticos de comentário a Lc 10 e Jo 11-12: Agostinho, Afraate, Ambrósio, Cirilo de Alexandria, Crisóstomo, Irineu, Orígenes, Teodoro de Mopsuéstia... Como enfatiza, com justiça, Léon-Dufour (op. cit., II, pp. 544-547), o simbolismo do qual está impregnado o relato da ressurreição de Lázaro faz com que, às vezes, os comentários patrísticos desenvolvam alguns elementos significativos para a compreensão do conjunto de maneira isolada, findando por conferir-lhes significado por si mesmos, visto que são elementos importantes para alimentar

a fé em Cristo (por exemplo: a enfermidade de Lázaro como conseqüência do pecado, motivo pelo qual, desde Irineu, Lázaro é considerado o tipo pecador).

A sensibilidade moderna, ao contrário, mais atenta ao acontecimento como tal, por receio dos riscos de uma atualização que possa desembocar na arbitrariedade, muitas vezes negligenciou o alcance simbólico da narrativa. Por isso parece-me interessante que nas últimas obras exegéticas se dê atenção em pôr os dados filológicos, históricos, exegéticos a serviço do sentido que estes possuem para a fé, situando-os no significado profundo do relato. Seguindo esse rumo, incluí na leitura do texto diversos elementos sublinhados pelos Padres da Igreja.

No início, a vocação

Jo 11,1-53:

Havia um doente, Lázaro, de Betânia, povoado de Maria e de sua irmã Marta. Maria era aquela que ungira o Senhor com bálsamo e lhe enxugara os pés com os cabelos. Seu irmão Lázaro se achava doente. As duas irmãs mandaram, então, dizer a Jesus: "Senhor, aquele que amas está doente". A essa notícia, Jesus disse: "Essa doença não é mortal, mas para a glória de Deus, para que, por ela, seja glorificado o Filho de Deus".

Ora, Jesus amava Marta e sua irmã e Lázaro.

Quando soube que este se achava doente, permaneceu ainda dois dias no lugar em que se encontrava; só depois, disse aos discípulos: "Vamos outra vez à Judéia!". Seus discípulos disseram-lhe: "Rabi, há pouco os judeus procuravam apedrejar-te e vais outra vez para lá?". Respondeu Jesus:

"Não são doze as horas do dia?

Se alguém caminha durante o dia, não tropeça, porque vê a luz deste mundo. Mas se alguém caminha à noite, tropeça, porque a luz não está nele".

Disse isso e depois acrescentou: "Nosso amigo Lázaro dorme, mas vou despertá-lo". Os discípulos responderam: "Senhor, se ele está dormindo, se salvará!". Jesus, porém, falara de sua morte e eles julgaram que falasse do repouso do sono. Então, Jesus lhes falou claramente:

"Lázaro morreu. Por vossa causa, alegro-me de não ter estado lá, para que creiais. Mas vamos para junto dele!".

Tomé, chamado Dídimo, disse, então, aos condiscípulos: "Vamos também nós, para morrermos com ele!".

Ao chegar, Jesus encontrou Lázaro já sepultado havia quatro dias. Betânia ficava perto de Jerusalém, a uns quinze estádios. Muitos judeus vieram até Marta e Maria, para as consolar da perda do irmão. Quando Marta soube que Jesus chegara, saiu ao seu encontro. Maria, porém, continuava sentada, em casa. Então, disse Marta a Jesus: "Senhor, se estivesses aqui, meu irmão não teria morrido. Mas ainda agora sei que tudo o que pedires a Deus, ele te concederá". Disse-lhe Jesus: "Teu irmão ressuscitará". "Sim, disse Marta, sei que ressuscitará na ressurreição, no último dia!" Disse-lhe Jesus:

"Eu sou a ressurreição. Quem crê em mim, ainda que morra, viverá. E quem vive e crê em mim jamais morrerá. Crês isso?".

Disse ela: "Sim, Senhor, eu creio que tu és o Cristo, o Filho de Deus que vem ao mundo".

Tendo dito isso, afastou-se e chamou sua irmã, Maria, dizendo baixinho: "O Senhor está aqui e te chama!". Esta, ouvindo isso, ergueu-se logo e foi ao seu encontro. Jesus não entrara ainda no povoado, mas estava no lugar em que Marta o fora encontrar. Quando os judeus, que estavam na casa com Maria, consolando-a, viram-na levantar-se rapidamente e sair, acompanharam-na, julgando que fosse ao sepulcro para lá chorar.

Chegando ao lugar onde Jesus estava, Maria, vendo-o, prostrou-se a seus pés e lhe disse: "Senhor, se estivesses aqui, meu irmão não teria morrido". Quando Jesus a viu chorar e também os judeus que a acompanhavam, comoveu-se interiormente e ficou conturbado. E perguntou: "Onde o colocastes?". Responderam-lhe: "Senhor,

No início, a vocação

vem e vê!". Jesus chorou. Diziam, então, os judeus: "Vede como ele o amava!". Alguns deles disseram: "Esse, que abriu os olhos do cego, não poderia ter feito com que ele não morresse?". Comoveu-se de novo Jesus e dirigiu-se ao sepulcro. Era uma gruta, com uma pedra sobreposta. Disse Jesus: "Retirai a pedra!". Marta, a irmã do morto, disse-lhe: "Senhor, já cheira mal: é o quarto dia!". Disse-lhe Jesus: "Não te disse que, se creres, verás a glória de Deus?". Retiraram, então, a pedra. Jesus ergueu os olhos para o alto e disse:

"Pai, dou-te graças porque me ouviste. Eu sabia que sempre me ouves, mas digo isso por causa da multidão que me rodeia, para que creiam que me enviaste".

Tendo dito isso, gritou em alta voz: "Lázaro, vem para fora!". O morto saiu, com os pés e mãos enfaixados e com o rosto recoberto com um sudário. Jesus lhes disse: "Desatai-o e deixai-o ir". Muitos dos judeus que tinham vindo à casa de Maria, tendo visto o que ele fizera, creram nele. Mas alguns dirigiram-se aos fariseus e lhes disseram o que Jesus fizera. Então, os chefes dos sacerdotes e os fariseus reuniram o Conselho e disseram: "Que faremos? Esse homem realiza muitos sinais. Se o deixarmos assim, todos crerão nele e os romanos virão, destruindo o nosso lugar santo e a nação". Um deles, porém, Caifás, que era sumo sacerdote naquele ano, disse-lhes: "Vós nada entendeis. Não compreendeis que é de vosso interesse que um só homem morra pelo povo e não pereça a nação toda?". Não dizia isso por si mesmo, mas, sendo sumo sacerdote naquele ano, profetizou que Jesus morreria pela nação — e não só pela nação, mas para congregar na unidade todos os filhos de Deus dispersos. Então, a partir desse dia, resolveram matá-lo.

Jo 11,1: "Havia um doente, Lázaro, de Betânia, povoado de Maria e de sua irmã Marta".

O que surpreende aqui é que o doente tem nome. Não é costume, nem no Antigo nem no Novo Testamento, noticiar o nome do que foi curado, e em João este é o único caso entre os doentes apresentados desde o início de seu Evangelho, a começar pelo filho do funcionário que estava a ponto de morrer (cf. Jo 4,46-54). Poder-se-ia atribuir esse fato ao significado do próprio nome — Lázaro —, que significa "Deus ajudou", mas poderia haver também outro motivo, espiritualmente mais importante. Todas as pessoas chamadas por Deus, quer no Antigo, quer no Novo Testamento, têm nome. Portanto Lázaro poderia ser um discípulo de Cristo, alguém que respondeu ao chamado, como o sugere igualmente o versículo, construído em perfeito paralelo com a vocação de Filipe em Jo 1,44, em que João explicita que "Filipe era de Betsaida, a cidade de André e de Pedro". Lázaro era "de Betânia, povoado de Maria e de sua irmã Marta". O paralelo não é, evidentemente, um acaso, mas quer trazer à memória a cena dos chamados e fazer de Lázaro o destinatário do convite de Jesus a segui-lo. Ademais, a cena do chamado de Filipe desenrola-se exatamente no momento em que Cristo está prestes a partir de lá do outro lado do Jordão, da outra Betânia, a Betânia da Peréia, fora dos confins da Terra Prometida, o lugar no qual João, o precursor, batizava.

E também aqui, no capítulo 11, Cristo encontra-se na Betânia do Batista, do outro lado do Jordão. As duas Betânias têm, certamente, uma correlação, uma vez que Cristo parte daquela de João Batista para chegar à de Lázaro, Marta e Maria, como se quisesse indicar, dessa forma, a passagem que concretamente alguns discípulos do Batista tiveram de fazer, tornando-se discípulos de Cristo. É como se existisse um tipo de cumprimento do Antigo Testamento, que conflui no gesto de João Batista, o qual indica o Messias ao mundo. No lugarejo de João, na Betânia da Peréia (cf. Jo 10,40-42), crê-se em Jesus, mas como um tipo de conseqüência antecipada daquilo que acontecerá em Jerusalém, e agora em Betânia, nesta Betânia da amizade,

No início, a vocação

onde encontramos uma comunidade dos discípulos de Cristo que verão aquelas "coisas bem maiores" que Cristo anunciou a Filipe quando o chamou.

O precursor batizava ao longo do rio Jordão. E o cenário no qual agia era o de uma humanidade desfalecida pelo pecado. O início de Jo 11 apresenta-nos Lázaro doente, que morre a seguir. Ora, a íntima relação entre o pecado, a doença e a morte é comum em toda a Bíblia. Isso sublinha, desde o início, que a enfermidade de Lázaro resume e personifica aquela própria condição humana em geral e que o chamado que Cristo dirige é um chamado a uma humanidade consciente da própria fragilidade, vulnerabilidade, mortalidade. O Senhor não veio para os sadios, mas para chamar os pecadores, assim disse ele próprio, expressamente (cf. Mt 9,12-13. Mc 2,17. Lc 5,32). Destarte, a vocação pode ser entendida corretamente como redenção: Cristo chama, e não é apenas um chamado à salvação, mas é já, ele mesmo, a salvação que nos alcança. A voz de Cristo salva.

Tal identificação do chamado com a redenção é reforçada, além disso, também pelo significado dos sinais no evangelho de João. O primeiro sinal é o de Caná da Galiléia; o último, a ressurreição de Lázaro. Num primeiro nível de leitura do sinal de Caná da Galiléia, Cristo manifesta-se, acima de tudo, como Criador. Cristo criou o mundo de tal modo que, concretamente, todo ano, a natureza vive a passagem da chuva, através do sol, para a uva e para o vinho. Por isso o milagre de converter a água em vinho manifesta Cristo como Senhor da criação, ou seja, como Criador. O sinal da ressurreição de Lázaro enfatiza Cristo como Salvador, como doador da vida. O primeiro caminho que os discípulos percorrem com Cristo é em Caná da Galiléia, mas sua última viagem com ele, aquela rumo a Jerusalém, passa pela Betânia de Lázaro. Desse modo, é visível a parábola da vocação: da criação à redenção.

O cenário da vocação

Tomemos, agora, em consideração, mais atentamente, a Betânia da Peréia, o lugar onde João batiza e aponta Cristo, orientando, assim, para seu seguimento, os primeiros discípulos.

> Jo 1,29-34: No dia seguinte, João vê Jesus aproximar-se dele e diz: "Eis o Cordeiro de Deus, que tira o pecado do mundo. Dele é que eu disse: 'Depois de mim, vem um homem que passou adiante de mim, porque existia antes de mim. Eu não o conhecia, mas, para que ele fosse manifestado a Israel, vim batizar com água'". E João deu testemunho, dizendo: "Vi o Espírito descer, como uma pomba vinda do céu, e permanecer sobre ele. Eu não o conhecia, mas aquele que me enviou para batizar com água, disse-me: 'Aquele sobre quem vires o Espírito descer e permanecer é o que batiza com o Espírito Santo'. E eu vi e dou testemunho que ele é o eleito de Deus".

João prega a penitência e a conversão do outro lado do Jordão, e as pessoas afluem em profusão. Com isso, quer-se despertar nelas uma nova sensibilidade, a fim de que estejam em condições de reconhecer sua própria verdade, ou seja, sua necessidade de salvação. Com clareza, o precursor coloca diante deles o pecado. Mostrando-o assim, eles conseguem vê-lo, tomam consciência dele e compreendem que a morte paira sobre eles, que caminham nas trevas, e que a noite é uma dimensão inseparável do pecado e o lugar da morte. Conforme sabemos, "mundo", no evangelho de João, é um termo complexo, mas um de seus significados é justamente este: a humanidade e toda a criação carentes de salvação, o mundo mergulhado nas trevas. Diante dessa tomada de consciência, duas reações são possíveis: a primeira é a indiferença, ou seja, a complacência com a noite, o não querer a luz, a fim de poder permanecer no mal, a rejeição da possibilidade de conversão, o obstinar-se na escravidão, convencendo-se de que o ser humano, pela própria natureza, é escravo e, por isso, é-lhe permitido o pequeno mundo das satisfações sensuais. A segunda é perceber a necessidade da salvação, a necessidade de gritar pela luz, o anseio pelo dia, a vontade de correr ao encontro do Salvador.

Após a grandiosa abertura do prólogo, o evangelista começa a narrativa do evangelho com João Batista que, já nessa introdução, tem um papel todo especial. O fato de João ser o precursor e a testemunha da luz adquire, em nosso caso, um significado particular. A consciência de Deus não é uma questão teórica, nem um problema que se possa resolver sobre a escrivaninha. O acesso a Deus não é fruto de esforço humano. Chegar à luz não é uma questão de bravura, de inteligência da vontade humana, tampouco fruto de um exercício de ascese. A consciência de Deus tem suas pré-condições na tomada de consciência do ser humano em relação à verdade de sua vida. Vale dizer: viver para permanecer ou viver para morrer. O contexto para o conhecimento de Deus é, portanto, o próprio ser humano em sua verdade: um ser que não possui a fonte da vida em si mesmo e que, além do mais, abusando do pecado, ficou ferido. O âmbito para a revelação da luz é a luta da humanidade. Por isso o evangelho de João introduz Cristo no cenário preparado pelo Batista ao longo do Jordão. É a situação da humanidade que se apercebe de seu estado trágico por causa do pecado, lugar privilegiado para reconhecer Deus como Salvador e, por conseguinte, encontrá-lo de modo salvífico.

O conhecimento de Deus não é, pois, simplesmente uma via ascendente, mas começa com um ato de humildade que permite ao ser humano descer até os abismos da fragilidade, da precariedade e de todas as coisas que são conseqüências do pecado de Adão. A fim de poder admitir o estado no qual se encontra, é fundamental que todo o ser humano esteja convencido. É preciso chegar a uma constatação na qual já não são possíveis miragens e ilusões, mas tocar com a mão a verdade da própria situação. Essa verdade, uma vez reconhecida, impulsiona o ser humano a convencer-se da impossibilidade da auto-salvação. É possível que as forças psíquicas ou as do corpo ainda quisessem reagir para afirmar-se e conseguir seu propósito, mas é o espírito do ser humano que, se levado em consideração, ilumina e convence todo o ser humano, a fim de que escolha o outro caminho. E esse caminho é o da abertura, do invocar a salvação, do pedir que venha o Salvador.

Não se trata de uma humilhação para o ser humano, mas de humildade, que significa aceitar a própria verdade. As humilhações encontram-se no caminho da auto-salvação, onde o ser humano acredita ser capaz de afirmar-se definitivamente e de dar a si mesmo a vida em abundância. É sobre essa via que se encontram, sempre, as lágrimas amargas, choradas junto às ruínas de nossas esperanças despedaçadas.

Se o ser humano chegar a admitir a própria verdade, nesse mesmo ato, cria-se nele a predisposição correta para acolher a luz, para ceder àquele que dissipa a noite e confirma o dia, porque ele mesmo é o sol que aquece a terra e o coração do ser humano. As primeiras palavras que João disse sobre Cristo não são um discurso teórico, distante da existência: "Eis o Cordeiro de Deus, que tira o pecado do mundo". Com a imagem do cordeiro, João apela para o que era mais conhecido de todo hebreu. Não se refere a um detalhe rebuscado, a um conhecimento de iniciados, mas a uma realidade que diz respeito ao núcleo da maior celebração litúrgica anual dos hebreus, como também o sacrifício quotidiano de expiação que se realizava no templo. Com isso, ele quer mostrar explicitamente que o conhecimento de Deus tem sua raiz na experiência. E não apenas numa experiência individual, isolada, mas numa experiência ao mesmo tempo pessoal e unida a uma dimensão comunitária. João não diz "eis o Cordeiro de Deus, que tira teu pecado", tampouco "os pecados dos seres humanos", mas "o pecado do mundo". O pecado — no singular, com um artigo que o determina, tornando-o único — é o de uma ordem injusta, gerado pelo pai da mentira, homicida desde o princípio (cf. Jo 8,44), que reduz à escravidão a humanidade com a opressão do estado de coisas deste mundo e que a engana, fazendo-a aceitar a escravidão na qual vive.

Referindo-se ao cordeiro e a seu sacrifício — e a todas as alusões sacrificais e sacerdotais que o Antigo Testamento possui a esse respeito —, João pretende realçar que esse cordeiro não toma sobre si, simplesmente, o pecado como um mero ato expiatório. Ele coloca em paralelo o Cordeiro de Deus e o Filho de Deus. O Cordeiro de Deus tira o pecado do mundo, e o Filho de Deus, sobre quem permanece definitivamente o Espírito, batiza no Espírito Santo. Para compreender o que significa tirar o pecado do mundo, é preciso saber o que quer dizer batizar no Espírito Santo. E a fim de captar o que significa batizar no Espírito Santo, é necessário perceber o paralelismo entre o batismo de João, com água, e o do Filho de Deus, no Espírito Santo.

A exegese moderna recorda-nos que no termo "batizar" já está contida tanto a nuança de imergir quanto a de impregnar, ensopar. João está dizendo, portanto, que o Cordeiro de Deus, Jesus Cristo, tira o pecado do mundo não somente ao anular os pecados, como num banho, mas também ao penetrar e impregnar o ser humano com o Espírito Santo, determinando um contato total — como existe no impregnar — entre a água, concreta ou metafórica, e o objeto que é banhado nela. Cristo, além de tirar o pecado, devolve a vida, a vida de Deus, que é a luz e o conhecimento. Jesus, cordeiro sacrifical do novo êxodo, é "aquele que tira o pecado do mundo" com sua morte na cruz, é aquele "que batiza em Espírito Santo".

O batismo é o meio pelo qual o pecado do mundo é tirado, o novo nascimento do alto, no qual, juntamente com o cancelamento do pecado, o ser humano é penetrado pelo Espírito, tornando-se, assim, "fonte de água que jorra para a vida eterna" (Jo 4,14), fonte de vida interior, fluxo que brota do lado de Jesus na cruz (cf. Jo 19,34). Jesus é o cordeiro pascal porque, com sua morte, dá o Espírito, que comunica a vida nova e definitiva (cf. Jo 6,63).

João diz abertamente não conhecer Jesus Cristo, mas também afirma que foi mandado ali para batizar, a fim de que Cristo se tornasse conhecido em Israel. Dessa forma, sugere-se que o conhecimento de Deus acontece mediante o perdão dos pecados, concedido no batismo, juntamente ao dom do Espírito Santo, que penetra toda a pessoa humana.

São Paulo afirma que somente no Espírito Santo se pode dizer que Jesus é o Senhor (cf. 1Cor 12,3). Sobre esse pano de fundo, é possível compreender como João Batista conclui seu testemunho anunciando que Cristo é Filho de Deus. No momento em que João dá testemunho de Cristo como Filho de Deus, eis as primeiras vocações: João tira o véu do rosto de Cristo e, tão logo os discípulos vêem que Jesus é o Cordeiro de Deus, que tira o pecado, seguem-no. Perguntam onde ele mora a fim de permanecerem com ele. No entanto, como sabemos pela seqüência da narrativa evangélica, não compreenderam imediatamente a outra parte do testemunho dado pelo Batista, aquela que se refere ao fato de que ele é Filho de Deus. A urgência da salvação e a necessidade do Messias são os primeiros passos da fé que movem o coração humano na direção correta, ou seja, da noite em direção à manhã, das trevas para a luz. E o título "Cordeiro de Deus", pouco a pouco, será completado quando o Espírito fizer perceber no cordeiro o Filho de Deus.

Também em nossa tradição espiritual essa passagem é continuamente confirmada, isto é, a vocação coincide com a redenção e, por isso, tem seu início na tomada de consciência da própria verdade de sermos incapazes para a vida, porque feridos pelo pecado. Santo Inácio de Loyola, por exemplo, em seu percurso dos *Exercícios espirituais*, assinala a passagem da primeira etapa para a segunda justamente com a vocação, com o chamado que se segue à tomada de consciência da absurdidade da vida sem Deus. A assim chamada primeira semana dos *Exercícios*, segundo santo Inácio, termina com a meditação sobre o inferno e a primeira meditação da segunda semana é a do chamado. O inferno significa a pessoa separada de Deus, precipitada no horror da morte. O Senhor chama precisamente da morte, ou seja, da não-salvação à salvação, que é exatamente a vida com o Senhor, a amizade com ele.

O caminho da evangelização

▶ Esta reflexão questiona-nos inevitavelmente também a respeito de nossos princípios pastorais e de nossos caminhos de evangelização. Com efeito, é preciso estar atentos porque, até mesmo inconscientemente, agimos segundo a convicção de podermos ser cristãos sem termos, na verdade, uma experiência da salvação realizada por Jesus Cristo pessoalmente em nós. Uma convicção desse tipo, escondida em nossa mentalidade, faz-nos idear uma pastoral que é, antes, um trabalho sobre as formas de ser, viver e agir, em vez de sobre a substância, as raízes e o coração. Desejar-se-ia propor uma visão do ser humano, do mundo, da moral cristã... Por causa de uma atmosfera não mais religiosa, facilmente se passa em silêncio toda a dimensão teológica, detendo-se apenas sobre os ditos valores de uma visão antropológica da história, da moral etc., de inspiração cristã.

Evidentemente, porém, no pluralismo de cunho prevalentemente subjetivista, difuso em nosso tempo, um discurso assim traçado dificilmente ultrapassa o nível das opiniões para tornar-se a motivação tracionadora da vida das pessoas. Corre-se o risco de permanecer no nível de um discurso cultural, no sentido convencional do termo. E daí decorrem facilmente três posturas. Uma primeira atitude é a de um compromisso sempre mais problemático com as opiniões alheias, pelo menos com aquelas da cultura majoritária. Um segundo posicionamento é o do "respeito pelas posições": fica-se confinado à Igreja e não há inserção na dinâmica das culturas. Cada um tem suas próprias idéias, que o bom senso, a boa educação e uma mal compreendida idéia do respeito e da tolerância nos convidam a não expô-las em excesso aos demais.

Há, por fim, um terceiro procedimento, que é o da agressividade, impulsionado também pela nostalgia da influência outrora exercida e que se gostaria de reconquistar, propondo-se com clareza e força. Evidentemente, o ponto problemático comum a todas as três atitudes é que, aos poucos, elas reduzem a Igreja a uma realidade de natureza mais sociológica do que qualquer outra coisa, quer de uma forma, quer de outra. Aparentemente, parecem atitudes opostas entre si, mas seu denominador comum é que falta a todas as três um princípio religioso.

No fundo, parece residir a convicção, comum a todas as três atitudes, de que podemos viver determinados valores de origem evangélica sem o Evangelho. Como se fosse possível ser criatura nova sem o Espírito Santo; redimidos sem Redentor, e cristãos sem Cristo.

É bastante comum que nossa aproximação às pessoas na evangelização seja, portanto, prevalentemente de cunho cultural.

Pode-se simplesmente ensinar explicando a doutrina, sem grande preocupação de se quem escuta está em condições de compreender. No fundo, existe um tipo de racionalismo, reforçado pela convicção iluminista de que, se alguém tem boas idéias, também será bom. O problema de uma consideração dessa natureza encontra-se também no fato de que é difícil fazer a passagem das idéias à experiência religiosa; portanto é difícil alcançar uma convicção espiritual, permanecendo, pois, na maioria das vezes, no nível de uma convicção ideológica.

Tal forma predominantemente teórica de considerar o assunto, automaticamente, na segunda fase, torna-se moralista. Pensa-se que se trata de aprender uma teoria, de adquirir uma idéia e, a seguir, de viver em conformidade com ela, ou seja: de realizá-la na vida, como uma passagem da razão à práxis mediante a vontade. A ligação da razão à práxis aconteceria, assim, por

O *caminho da evangelização*

meio do dever. Contudo, se alguma vez o dever falha, deixando de ser percebido em seu caráter imperativo, resta somente a parte ideal. Ao recusar a vida moral como obrigação, sem esforço para vivê-la, resta só o ensino. Então, começa-se a ajustá-lo e a fazer pactos com ele.

Pastoralmente, tais contatos, prevalecentemente racionalistas e técnicos, podem levar a verdadeiras desilusões. Organizam-se passeios, peregrinações, com episódios que poderiam também ser de extraordinária potencialidade para a evangelização. Mas, então, há o embate com um problema de fundo: a peregrinação, por exemplo, é um caminho experiencial de oração, reflexão, encontro, liturgia... É possível atingir essa realidade sem uma verdadeira e autêntica iniciação?

Provavelmente sim, mas, como ensina a experiência da primeira evangelização, a seguir são necessárias duas coisas para que essas experiências não permaneçam isoladas e destinadas a apagar-se no esquecimento: uma experiência de Igreja, no sentido genuíno da palavra, isto é, uma experiência da comunidade espiritual e cultual, mas também humana, concreta, quotidiana, e ainda uma intelectualização de tais experiências, uma reflexão sobre elas no interior das coordenadas vivas e dinâmicas da memória da tradição da comunidade eclesial, experimentada, assim, como um organismo. Do contrário, pode acontecer que alguém participe de uma peregrinação, quiçá se comova até as lágrimas, faça uma experiência religiosa qualquer, mas, ao mesmo tempo, esferas inteiras da própria vida sejam consideradas assunto pessoal, sem que sinta a necessidade de elaborar e cuidar, por meio de um caminho espiritual, das próprias idéias econômicas, políticas, morais etc.

Destarte, um procedimento desse tipo, além de frustrar as pessoas que, por um instante, perceberam algo da realidade religiosa, pode ser um verdadeiro jato de areia nos nossos olhos, fazendo imaginar que somos muitos, com base nos números de uma iniciativa, para depois, talvez, ficarmos petrificados ao vermos um princípio verdadeiramente cristão abandonado, não conservado. Há a possibilidade de se chegar a um tipo de dualismo entre os valores convencionais, que também podem, por um momento, ser levados em consideração, e os valores vitais que, na realidade, possibilitam o afastamento do cristianismo, mas que determinam o estilo de vida.

Pode-se também começar com uma aproximação psicológica, com uma dinâmica de grupo, com um caminho de interiorização e de conscientização preponderantemente psíquico, a partir dos próprios dados pessoais ou da própria história pessoal. Um caminho aparentemente belo e fascinante, mas que, na prática, tem revelado problemas. Um deles é que é muito difícil passar do psicológico ao espiritual, à fé, tanto que, na realidade, esse salto de qualidade acontece muito raramente. Aliás, à medida que se avança, é-se tentado a conferir sempre mais um cunho psicológico à vida espiritual, até atingir um tipo de espiritualidade secularizada que, de fato, nada mais é do que uma psicologia que trata de questões interiores e religiosas.

Nestes anos, encontrei diversos sacerdotes, religiosos e animadores pastorais que me questionaram a respeito de como fazer com que seus grupos de jovens passassem de uma aproximação mais de cunho pedagógico, didático e psicológico a uma experiência que poderia ser propriamente definida como religiosa, de fé. Sob tal questão existe, ainda, uma problemática mais complexa, que evidencia a mentalidade oposta à que parece sugerir-nos o contexto no qual João Batista agia. Isso indica que quase existe a convicção de que é necessário adquirir um primeiro nível de humanidade para depois chegar a ser cristão, como se acontecesse precedentemente um trabalho psicológico de reestruturação e de reabilitação da pessoa, para que esta esteja, então, em condição de viver a fé e a vida espiritual. Seria possível reencontrar essas atitudes nas reminiscências do gnosticismo,

O caminho da evangelização

ou de um tipo de pelagianismo. É deveras necessário formar primeiro humanamente para, depois, ser cristão? Mas assim o cristianismo não corre o risco de ser apenas uma superestrutura? Sabemos que, quando nos dedicamos a um trabalho formativo, temos algumas idéias e imagens de como se deveria formar e de que coisa gostaríamos de aproximar-nos nesse processo. Ora, de onde provém essa idéia, essa imagem, essa "forma" com base na qual queremos formar? Se não é de Cristo, de quem é? Depois de chegarmos, talvez, a um tipo de maturidade em tal formação, como se fará para passar a uma formação cristã? E por que seria preciso fazê-lo? Tratar-se-ia de uma necessidade existencial, ou seria algo artificial?

Perguntas desse gênero indicam o embaraço de uma mentalidade fundamentalmente marcada por um dualismo entre o humano e o divino, uma mentalidade, portanto, que não raciocina em termos de uma cristologia verdadeira. Contra esse fundo dualista, percebem-se, além disso, medos de dogmatismos, de violências contra o ser humano, dentre outros, temores que povoam uma mentalidade acostumada a pensar em termos de conceitos e de formas, mas não de vida espiritual. Um raciocínio espiritual colhe uma compenetração vivificante da dimensão espiritual com a psíquica e da psíquica com a física, evitando, desse modo, antagonismos e contraposições de vários tipos.

No entanto um olhar íntegro assim exige uma dimensão pneumatológica, ou seja, a presença do Espírito Santo na compreensão do ser humano e na sua definição. Uma visão do ser humano que inclui o Espírito Santo fará com que uma intervenção médica, terapêutica, seja inseparável da dimensão espiritual. Enquanto se trabalha sobre a pessoa com uma ciência auxiliar, tal como a psicologia, o pano de fundo de tal intervenção só poderá ser espiritual.

Essa mentalidade moderna, para a qual é preciso primeiro trabalhar o lado humano e, a seguir, o espiritual, é, certamente, uma reação pendular em relação a um período no qual vigorava um verdadeiro dogmatismo espiritualista, um domínio forçado do divino sobre o humano, do espiritual — compreendido como etéreo, imaterial — sobre o material e o corpóreo, do coletivo sobre o pessoal, um período caracterizado pelo moralismo religioso, de sorte que os problemas não eram ouvidos, acolhidos, mas havia a proposta de resolvê-los simplesmente sugerindo algumas orações e umas tantas renúncias.

Se uma tal atitude é, obviamente, despropositada, aquela que a substitui é também problemática. Certo formador de uma comunidade religiosa contou-me um episódio que me parece bastante significativo. Tiveram um candidato com muitos problemas, e esse formador, hábil também do ponto de vista psicológico, empenhou-se com todas as forças para ajudá-lo. Quando, afinal, o rapaz amadureceu o bastante para sentir-se curado de todas as feridas psicológicas que trazia consigo, despediu-se da comunidade dizendo que, a essa altura, estava bem e, portanto, não precisava mais deles, tampouco de Deus, tanto é que se foi e hoje nem sequer freqüenta a Igreja.

Parece-me difícil que alguém possa chegar à fé, no verdadeiro sentido da palavra, que é também amor por Cristo, apenas porque, mediante métodos e técnicas psicológicas, chegou a certo bem-estar, a certa segurança de si mesmo, a qual, obtida por bondade própria, decide seguir a Cristo. Qual será o relacionamento com Cristo? Sobre qual verdade de vida estará baseado? De qual profundidade existencial crescerá tal relação? Que compromisso essa pessoa terá em tal relacionamento? O que ela estará disposta a agüentar, a sofrer, a sacrificar por causa desse relacionamento? Também sua relação com os outros levanta questionamentos. Que experiência terá da fragilidade do ser humano? Como olhará aqueles que não conseguem sair das dificuldades? Que opinião terá a respeito dos demais e como se encontrará com aqueles que, ao contrário, são ainda mais

O caminho da evangelização

valorosos e eficientes que ela? Também sua visão da Igreja será problemática. A Igreja será aquela mãe que gera para a vida? Não existe um grande risco de elitismo? E aqueles que não podem ter um apoio psicológico como ela, o que será deles? E ainda: quem pode considerar-se curado?

Ora, se considerarmos tanto a Bíblia quanto a Tradição, a modalidade da salvação expressa de acordo com categorias médicas não é uma simples imagem. Os Padres da Igreja identificam a saúde do ser humano com o estado de perfeição a que ele é destinado por natureza e que consiste no ser divinizado. O ser humano possuía um estado de relativa perfeição no momento da criação, a cumprir de acordo com a modalidade de seu ser criado à imagem de Deus, que devia levar até a semelhança, não sendo a imagem senão uma divinização incoativa. O estado paradisíaco era, portanto, um estado de saúde no qual o ser humano era imune a toda forma de doença, tanto da alma quanto do corpo, e no qual levava uma vida normal, porque conforme com sua natureza e suas finalidades. O pecado perturba tudo isso. Introduzem-se, então, morte, caducidade, distúrbios psíquicos e degeneração. "Quando Deus se retira, tudo se perturba", diz João Crisóstomo.

Somente com a encarnação de Cristo é que a humanidade é reintegrada na sua natureza original. Depois do pecado de Adão, a vontade de Deus e a do ser humano tornaram-se estranhas uma à outra. Com a encarnação, Deus supera essa estranheza. Por amor, abraça, sobrecarrega-se de um pecado que não cometeu e das conseqüências do pecado: este estranhamento, em relação a Deus, que o pecado traz consigo, faz com que também o amor do Homem-Deus para Deus seja um amor crucificado. Não só. A partir do momento em que Adão era "figura daquele que devia vir" (Rm 5,14), isto é, figura de Cristo, Novo Adão à imagem do qual foi criado, em Cristo, na encarnação, desvela-se sua verdadeira natureza, que é a vida em Cristo. Não é por nada que, na Igreja antiga, um título muito freqüente de Cristo era o de "médico" (*iatrós*), sua morte era descrita em termos de terapia e o sacramento era chamado *phármakon* ("remédio").

O nome de Jesus ("Deus salva") tem como correspondente em grego a palavra *sózein*, que significa não somente libertar, mas também curar, assim como *sotería* tanto é salvação quanto cura. Como diz são Cirilo de Jerusalém, "Jesus, de acordo com os hebreus, é igual à salvação, mas, segundo a língua grega, é igual a médico... Ele salva curando". Nas Igrejas bizantinas, ainda hoje, na Quarta-Feira Santa, existe unção dos enfermos para todos, porque todos, de alguma maneira, somos enfermos. Isso não quer dizer não chamar as coisas pelo nome, mas reconhecer a doença e a necessidade da cura. Significa, porém, enquadrá-la em um contexto bem mais amplo, em que também o percurso de cura possui meta própria, e a maturidade possui traços e características precisas.

Portanto, qualquer aproximação que não parta da experiência da redenção do ser humano, que é pecador, colidirá sempre com problemáticas que de per si não são constitutivas de um caminho que parte do acontecimento salvífico.

Contudo, como vimos anteriormente, é preciso saber enfrentar o pecado, é necessário evitar todo moralismo, e partir da misericórdia de Deus. O quarto evangelho abre-se com João Batista, que, em meio à denúncia do pecado, indica o Cordeiro de Deus, que assume o pecado sobre si, que liberta o ser humano do pecado e de suas conseqüências. Mas se faz necessário todo o percurso do Evangelho a fim de que os seres humanos se dêem conta, com uma comoção que os queime de cima a baixo, de quanto Deus os ama. É preciso todas as páginas do Evangelho para colher o dom — Jesus Cristo — que Deus Pai nos confia como sinal de seu exaltado amor por nós. E é somente perante esse dom que desce em nossa direção, para nos tocar com sua vida em nossa morte, com sua luz em nossa noite, que nós, surpresos com seu amor, cessamos de defender-nos e nos revelamos, assim como somos, confiando-nos a ele.

O caminho da evangelização

É preciso ficar atentos para que nossa evangelização não se conclua com a de João Batista. Não é suficiente denunciar o pecado, nem basta indicá-lo. Não é bastante decidir não mais pecar. E não é suficiente nem mesmo que nossos pecados sejam apagados. Ainda não é um ato religioso quando a pessoa experimenta que está limpa, que foi lavada. O perdão do pecado, como ato que pertence somente a Deus — uma vez que somente Deus perdoa — se reconhece pela comoção penitente que toma conta de toda a pessoa e acende aquele movimento que, de um ponto de vista da linguagem teológica, pode ser chamado de "amor". O perdão dos pecados produz, como efeito, no ser humano, o amor por Deus. Por isso uma evangelização que pretenda levar à fé, ao zelo por Cristo, é a que consegue que as pessoas amem a Deus mais do que qualquer outra coisa e que, em Deus, amem tudo o que ele ama como seu mesmo amor. Tal evangelização começa em um ato que parte de Deus e de sua iniciativa, a única que pode suscitar no ser humano o amor.

Uma vez que a evangelização é situada corretamente, ou seja, com um fundamento correto do ponto de vista teológico e espiritual, todas as ciências humanas podem concorrer como auxílio. Não se trata, com efeito, de exclusões, mas de uma hierarquia adequada, para não confundir os níveis sobre os quais elas possam intervir e ajudar.

A vocação

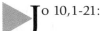 Jo 10,1-21:

"Em verdade, em verdade, vos digo: quem não entra pela porta no redil das ovelhas, mas sobe por outro lugar, é ladrão e assaltante. O que entra pela porta é o pastor das ovelhas. A este o porteiro abre: as ovelhas ouvem sua voz e ele chama suas ovelhas uma por uma e as conduz para fora. Tendo feito sair todas as que são suas, caminha à frente delas e as ovelhas o seguem, pois conhecem a sua voz. Elas não seguirão um estranho, mas fugirão dele, porque não conhecem a voz dos estranhos". Jesus lhes apresentou essa parábola. Eles, porém, não entenderam o sentido do que lhes dizia.

Disse-lhes novamente Jesus: "Em verdade, em verdade, vos digo: eu sou a porta das ovelhas. Todos os que vieram antes de mim são ladrões e assaltantes. Mas as ovelhas não os ouviram.

Eu sou a porta. Se alguém entrar por mim, será salvo; entrará e sairá e encontrará pastagem. O ladrão vem só para roubar, matar e destruir. Eu vim para que tenham a vida e a tenham em abundância. Eu sou o bom pastor: o bom pastor dá a sua vida pelas suas ovelhas.

O mercenário, que não é pastor, a quem não pertencem as ovelhas, vê o lobo aproximar-se, abandona as ovelhas e foge, e o lobo as arrebata e dispersa, porque ele é mercenário e não se importa com as ovelhas.

Eu sou o bom pastor. Conheço as minhas ovelhas e as minhas ovelhas me conhecem, como o Pai me conhece e eu conheço o Pai. Eu dou minha vida pelas minhas ovelhas.

Tenho ainda outras ovelhas que não são deste redil: devo reconduzi-las também. Elas ouvirão minha voz. Então haverá um só rebanho, um só pastor.

Por isso o Pai me ama, porque dou minha vida para retomá-la. Ninguém a tira de mim, mas eu a dou livremente. Tenho poder de entregá-la e poder de retomá-la. Esse é o mandamento que recebi do meu Pai".

Houve novamente uma cisão entre os judeus, por causa dessas palavras. Muitos diziam: "Ele tem um demônio! Está delirando! Por que o escutais?". Outros diziam: "Não são de endemoninhado essas palavras. Porventura o demônio pode abrir os olhos de um cego?".

Sobre o pano de fundo dessa passagem, podemos dar um passo adiante para o aprofundamento a respeito do que foi dito anteriormente. Cristo escolhe uma imagem que era muito conhecida de seus ouvintes. Mas o significado que o Senhor queria que eles descobrissem ali era mais difícil de captar. Com efeito, quando Cristo começa a falar dessas imagens cotidianas, o evangelista diz que quem escutava não compreendia o significado daquilo que ele estava dizendo. A exegese moderna ensina-nos que cada vilarejo tinha um redil do lado de fora, ao qual, ao anoitecer, os pastores conduziam seus rebanhos. Depois, na manhã seguinte, cada pastor chamava suas ovelhas para fora do recinto, a fim de levá-las ao pasto. As ovelhas reconheciam a voz do pastor e reagiam. Que significa que Cristo se identifica com a porta e com o pastor que chama? Cristo é verdadeiro Deus e verdadeiro homem. Cristo uniu a Deus, em sua pessoa de Filho de Deus, toda a humanidade. E visto que não existe uma humanidade abstrata, isso significa que ele, em sua pessoa, une em

A vocação

uma adesão livre, em uma união de amor, nossa humanidade, a de cada ser humano, à sua divindade como Filho de Deus. Eis Cristo-porta. Nele Deus entra e bate no coração de cada ser humano. Mas também, em sentido inverso: em Cristo, cada homem pode entrar em Deus, em uma relação íntima, total, pessoal com ele.

O pastor chama cada ovelha pelo nome e esse chamado indica a pertença ao pastor (cf. Is 43,1b). Aonde chega quem se levanta e ouve sua voz? Qual é a meta? A que é chamado? Em Jo 10, é evidente que o chamado de Cristo é para a comunhão com ele e com o Pai. "Eu sou o bom pastor; conheço as minhas ovelhas e as minhas ovelhas me conhecem, como o Pai me conhece e eu conheço o Pai. Eu dou minha vida pelas minhas ovelhas" (vv. 14-15). João apresenta a relação entre as ovelhas e o pastor com uma relação semelhante àquela entre Jesus e o Pai, fundamento do sacrifício que Jesus oferece por suas ovelhas. Trata-se, então, de um chamado à comunhão:

> As minhas ovelhas escutam a minha voz, eu as conheço e elas me seguem; eu lhes dou a vida eterna e elas jamais perecerão, e ninguém as arrebatará de minha mão. Meu Pai, que me deu tudo, é maior que todos e ninguém pode arrebatar da mão do Pai. Eu e o Pai somos um (Jo 10,27-30).

Esse chamado à comunhão do Pai e do Filho em Jo 10 é um desvelar-se parcial daquele mistério inacessível do amor eterno professado no credo e no dogma da Santíssima Trindade. É um mistério que, de forma balbuciante, indicamos com palavras como "dar e acolher", "gerar e gerado", "inspirar e inspirado". Falamos de uma unidade absoluta das três Pessoas divinas, porque confiadas uma à outra com um amor de adesão absolutamente livre. Só um amor que adere livremente ao outro não é jamais ameaçado. Ao contrário. No texto citado, entrevê-se que uma vida identificada com o dom de si não perece, não se deteriora. Aliás, ainda que seja tirada, o amor consegue fazer desse ato violento o gesto de um dom livre. Por isso o Filho diz: "Eu dou minha vida para retomá-la. Ninguém a tira de mim, mas eu a dou livremente. Tenho poder de entregá-la e poder de retomá-la" (Jo 10,17-18). Aquilo que é dom livre, que é ato de sacrifício, é totalmente assumido no amor, e isso entre as três Pessoas Santíssimas não conhece nem limites nem fim.

A chamada de Cristo é, portanto, à comunhão com o Pai, que infunde no ser humano o Espírito (cf. Rm 5,5), a fim de que o penetre integralmente, tornando-o filho no Filho. A vocação é, por isso, uma participação na comunhão do amor das Santíssimas Pessoas por obra do Espírito Santo, pela graça que nos alcança em Cristo.

Para o ser humano, pessoa criada, essa comunhão não é algo descontado. Sabemos que, na relação entre Deus e o ser humano, precisamente por causa do amor, o ser humano saboreou o pecado. Somente o amor não constringe a responder com amor. Somente o amor é uma união que tem como pressuposto a liberdade, a não-constrição e que, por isso, aceita também ser rejeitado, negado. Mas Deus vive o amor como fidelidade absoluta, porque Deus é, em tudo, um ato de amor. Por essa razão, o amor de Deus é o âmbito no qual se pode compreender o pecado: se o ser humano estivesse ligado a Deus à força, não seria mais uma pessoa criada no amor e por amor.

O pecado compreende-se, assim, no âmbito do "risco" de uma criação querida por amor e marcada pelo amor. Nós, criaturas, encontramo-nos em uma dinâmica de vir-a-ser, na qual a dimensão da liberdade do amor pode ser pervertida. E, de fato, justamente no início da Sagrada Escritura, vem descrito o passo fatal de Adão e de Eva. Nós, filhos de Adão, experimentamos nele toda a tragédia da liberdade. Precisamente por causa da participação no pecado consumado em Adão, a adesão livre, como fidelidade absoluta, torna-se, para nós, inalcançável.

A vocação

E, efetivamente, Deus vem para resgatar-nos e dar-nos de novo acesso à comunhão à qual somos chamados. A voz que ecoa através da história e que nos chama não é algo abstrato. A palavra que Deus pronuncia chamando-nos é seu Filho, Jesus Cristo, que assume nossa carne de modo que possamos ser atingidos em tudo o que somos. O chamado de Deus Pai é Jesus Cristo. Por isso, quando o Pai nos chama, manda seu Filho, que vem procurar-nos, e gostaria que ninguém se perdesse, porque esta é a vontade do Pai: que todos participemos plenamente de seu amor. Participar do amor de Deus significa viver à luz do dia, à margem dos rios de água, em prados seguros. Do contrário, sucumbe-se sem proteção, à mercê de ladrões e malfeitores, que vêm para roubar o que pertence a Deus. Cristo chama-nos vindo e entrando na noite do ser humano. O distanciamento em relação a ele significa permanecer na noite e andar em direção a uma morte certa. Pode-se também correr, mas na certeza de que a estação terminal é uma morte infalível. Por esse motivo, seu chamado coincide com sua vinda e, para nos alcançar na morte, ele próprio deverá morrer. Não é possível, pois, intervir na morte a partir de fora. Para entrar no império da morte, é preciso morrer. Por isso, Cristo, com sua morte, alcança-nos na nossa. Deixar-se-á, assim, devorar pelos lobos, a fim de encontrar e retomar, para si, as ovelhas arrebatadas pelos lobos. Entrevê-se, pois, sempre mais claramente, que o chamado e sua vinda junto a nós — ou seja, nossa vocação — coincidem praticamente com o deixar-nos assumir por ele, o deixar-nos alcançar lá onde nos encontramos.

É algo desconcertante, seja pela idéia que o ser humano tem de si mesmo, que gostaria de demonstrar estar em condições de chegar até Deus, seja pela idéia que se tem de Deus, segundo a qual não se pode aceitar que Deus se abaixe tanto assim, até a morte (cf. 1Cor 1,23). Por isso não admira a incompreensão de quem estava ao lado de Cristo quando ele falava. Também em nosso mundo não é assim tão fácil pensar a vocação segundo esse critério. De um lado, de fato, reduzimos o termo à vocação religiosa e sacerdotal e, com isso, esquecemos que a dimensão ontológica e espiritual da vocação diz respeito ao ser humano como tal. Por outro lado, o clima da época moderna, tão concentrada no sujeito, na racionalidade humana, na perspectiva humana, faz-nos pensar a vocação preferentemente em termos de um projeto de vida, de uma autoprogramação, deixando, pois, que se nos escape o fato de que se trata de um encontro, de alguém que nos alcança, chamando-nos, da resposta a esse chamado. Que tal resposta, porém, não é uma decisão tomada, mas, antes, um entregar-se, um confiar-se, um deslocamento real de nós mesmos, uma erradicação de nossa ipseidade, de nosso *eu* fechado e concentrado em si mesmo, até o ponto de transplantar-nos em Cristo.

A vocação como ato criativo de Deus é essa generosidade de amor que se expande à participação e que vê sua meta na festa do próprio amor pelo amor. Depois do pecado, essa vocação torna-se, concretamente, o caminho da redenção, ou seja, o êxodo da autoconcentração, do fechamento sobre a própria dor, o mal, a morte, rumo à abertura, ao encontro, a uma existência de comunhão, à descoberta de uma vida que transcorre através das relações. Cada vocação tem sua razão de ser no conduzir o ser humano à comunhão e à criatividade que daí deriva, uma criatividade que significa, portanto, pensar, sentir com os outros, querer afirmá-los. A vocação é um tipo de criação de nós mesmos, na qual percebemos nossa identidade no interior da comunhão à qual somos chamados. A vocação é, portanto, a afirmação da pessoa humana libertada da morte, isto é, da falsa solidão, do isolamento egoísta, da vontade auto-afirmativa, coisas que impedem compreender a salvação de si mesmo como sacrifício de si. Nós nos salvamos renunciando a todas essas tendências de isolar-nos, de fechar-nos, ao passo que a mentalidade do pecado procura convencer-nos de que somente conservando as coisas, apossando-nos delas, conservamos a vida.

A vocação tem seu fundamento em um evento sacramental--litúrgico: o batismo. A pessoa renuncia ao pecado, ao artífice do pecado, renuncia à mentalidade do pecado, que é justamente a de auto-salvar-se, agarrando a vida com os punhos a fim de não perdê-la. No batismo, o ser humano é enxertado em Cristo e redescobre a própria identidade de filho, em condições de viver criativamente, porque a verdadeira criatividade nasce à medida que alguém se afasta do isolamento, de todo princípio auto--afirmativo e, por isso, exclusivista.

Isso significa, porém, que o caminho da vocação provavelmente não será linear, porque a resistência do mal que não quer o bem, e que é capaz até mesmo de apresentar-nos um falso bem para nos enganar, fará com que passemos por possíveis ilusões, enganos, quedas. A pessoa, com efeito, não obstante seja chamada à comunhão com Deus, percorre sua estrada com as costas sobrecarregadas com o fardo pesado da descendência de Adão.

A vocação é uma amizade

►**P**ara aprofundar a vocação como adesão a Cristo, como participação na comunhão com Deus, entremos na casa de Marta em Betânia, de acordo com a narrativa que nos faz o evangelista Lucas. Toda a tradição cristã teve em alta consideração esse texto, conhecido comumente como o episódio "de Marta e Maria". Mas, se lemos a perícope de Lucas a partir do contexto do capítulo 11 de João, ou seja, da ressurreição de Lázaro, mediante a semelhança do bom pastor que o precede, notamos que essa passagem descerra horizontes de extrema importância na reflexão sobre o seguimento de Cristo, sobre o discipulado e, portanto, sobre a vocação em si.

Lucas diz que a casa era de Marta — Ela era, nesse sentido, a "patroa" que, ademais, é o significado de seu nome em aramaico —, que acolhe Cristo e, como dona-de-casa, empenha-se em oferecer uma hospitalidade em regra. Pressupõe-se, então, que sua acolhida de Jesus envolva as coisas de casa, o serviço, a preparação do alimento, a fim de que Cristo possa perceber a acolhida de uma mulher que cuida dele, que o considera e que lhe quer demonstrar, por meio de uma atitude muito concreta, sua amizade e seu amor. Maria, sua irmã, em casa também quando Cristo veio, senta-se aos pés do Mestre e escuta sua palavra, sem mover um dedo, tanto que, a certa altura, Marta dirige-se a Cristo perguntando-lhe como é que ele não se preocupa que Maria a deixe sozinha a fazer todo o trabalho. E chega até mesmo a sugerir o que Cristo deveria falar a Maria para que ajudasse Marta. Jesus, porém, admoesta Marta, repreendendo-a por estar preocupada e agitada por muitas coisas, quando o ser humano teria necessidade de apenas uma. E diz que Maria escolheu a melhor parte, que não lhe será tirada.

> Lc 10,38-42: Estando em viagem, entrou num povoado, e certa mulher, chamada Marta, recebeu-o em sua casa. Sua irmã, chamada Maria, ficou sentada aos pés do Senhor, escutando-lhe a palavra. Marta estava ocupada pelo muito serviço. Parando, por fim, disse: "Senhor, a ti não importa que minha irmã me deixe assim sozinha a fazer o serviço? Dize-lhe, pois, que me ajude". O Senhor, porém, respondeu: "Marta, Marta, tu te inquietas e te agitas por muitas coisas. No entanto, pouca coisa é necessária, até mesmo uma só. Maria, com efeito, escolheu a melhor parte, que não lhe será tirada".

Normalmente, estamos acostumados a nos deter sobre esta oposição: Marta, a ativa, e Maria, a contemplativa. E muitas vezes se concedeu a precedência a Maria, sublinhando-se que a oração é o que conta. Naturalmente, sempre existiram aqueles que procuraram inverter a situação, salvando, de algum modo, a atividade de Marta e mostrando que ela faz o bem igualmente. Contudo, numa leitura atenta e centrada na reflexão, e considerando o contexto dessa passagem no evangelho de Lucas, vê-se imediatamente que aqui não está em questão o primado da contemplação sobre a ação, mas outra realidade, talvez mais complexa e mais elevada.

Em Lc 10,25-28, fala-se do único mandamento "Amarás o Senhor, teu Deus, de todo o teu coração, de toda a tua alma, com toda a tua força e de todo o teu entendimento; e a teu próximo como a ti mesmo". Ao doutor da lei que interpelara Jesus para experimentá-lo, o Mestre diz: "Respondeste corretamente; faze isso e viverás". É evidente, portanto, que o amor a Deus e ao próximo não é separável. O cisma do amor é, com efeito, fruto do pecado.

A vocação é uma amizade

Contudo, o doutor da lei, que de algum modo foi tocado por aquilo que Cristo lhe disse — e podemos intuir que provavelmente o que o impressionou foi a concretude desse mandamento —, procura, pois, justificar-se, perguntando a Jesus: "E quem é meu próximo?" (Lc 10,29). Como se, para ele, fosse muito mais claro quem é Deus do que quem é o próximo. Isso indica que, no plano doutrinal, ele conhecia, evidentemente, o que lhe cabia em relação ao Senhor, ao Deus de Israel, mas que, provavelmente, o problema nascia na referência aos outros, na qual entravam em jogo as diferenças sociais, étnicas, ou quem sabe quantas outras. Cristo ensinou que, se não existe o amor ao próximo, coloca-se em dúvida também o amor ao Senhor, a partir do momento em que o amor a um e a outro não são realidades cismáticas.

E esta insinuação, provavelmente, faz surgir no doutor da lei diversas perguntas, levando-o a interrogar-se acerca de quem é aquele que está diante de si, que começa a minar suas certezas religiosas. Por essa razão, procura defender-se com a pergunta sobre quem é o próximo. Cristo responde-lhe com a parábola do bom samaritano e, no final, ele é que retoma a pergunta sobre quem é o próximo. Ao que o doutor da lei responde: "Aquele que usou de misericórdia para com ele". E Jesus replica: "Vai, e também tu faze o mesmo" (Lc 10,37).

É absolutamente impossível pensar que em tal contexto Cristo repreenda alguém que o serve e acolhe com toda generosidade por causa desse serviço. Por isso não se pode interpretar simplesmente Lc 10,38-42 como precedência dada à escuta da Palavra, porque o contexto no qual a narrativa se encontra aponta explicitamente para um amor íntegro a Deus e ao próximo, que envolve toda a pessoa e que, acima de tudo, exige a concretização do amor. O contexto não permite, portanto, nenhuma idealização do amor, nenhum romantismo e nenhuma teorização. Ao contrário, mostra que o amor exige ação, exige passos concretos e, para realizá-los, é preciso que o ser humano participe do processo em sua inteireza.

Existe ainda outro fato que é preciso levar em consideração. Cristo passa pelos povoados ensinando, e Maria, vendo que o Senhor entrou na casa delas e começou a falar, pôs-se a escutá-lo. De alguma maneira, Maria segue a autêntica tradição hebraica, dando precedência à palavra e, portanto, à escuta. O princípio da práxis religiosa hebraica é indiscutivelmente ligado ao imperativo "Ouve!". O primeiro passo do israelita piedoso é escutar (cf. Dt 6,4). E Maria faz exatamente isso. Sentada aos pés de Cristo, exprime também uma atitude correta, a da humildade, da dedicação, estreitamente ligada à escuta. Contudo, é preciso também dizer que esse é o caminho que nos evangelhos parece o mais difícil para chegar à compreensão da identidade de Cristo.

A passagem mais difícil parece ser justamente a do Antigo ao Novo Testamento, ou seja, de YHWH a Jesus Cristo, do escutar ao ver (nesse sentido, pode-se compreender todo o desencontro sobre a interpretação da lei e a condenação de Cristo por ser Filho de Deus — "quem me viu, viu o Pai": Jo 14,9). Essa é a passagem traçada de modo insuperável no prólogo de João e que se concretiza no cenário do batismo de João, o Precursor. Para ver, é preciso assumir a perspectiva messiânica. Para ver, é mister olhar com os olhos de quem espera a salvação, de quem não suporta mais. Tanto é verdade que justamente em Lc 10,23-24, Cristo diz aos apóstolos, à parte: "Felizes os olhos que vêem o que vós vedes! Pois eu vos digo que muitos profetas e reis quiseram ver o que vós vedes, mas não viram, ouvir o que ouvis, mas não ouviram".

Cristo coloca em íntima relação ouvir e ver, e para os hebreus, em todo o Evangelho, a dificuldade encontra-se exatamente em unir essas duas coisas. Já no início do evangelho de Lucas (4,16-30), quando Cristo entra na sinagoga de Nazaré e, pela primeira vez, faz convergir para si o ouvir e o ver ("Todos na sinagoga olhavam-no, atentos... Hoje se cumpriu aos vossos ouvidos essa passagem da Escritura"), expulsam-no da cidade e

A vocação é uma amizade

querem matá-lo. Por isso a questão de Marta e Maria não pode resolver-se em uma simples contraposição entre ação e contemplação, mas deve ter por trás um motivo mais profundo, que nos diz algo a respeito de nossa salvação, da pertença a Cristo e a seu seguimento. Com efeito, Marta, que aqui pareceria a personificação da ação, em Jo 11, abalada pela doença e pela morte de Lázaro — portanto em uma condição que facilita a tomada de consciência radical da necessidade de Cristo —, será aquela que por primeiro verá aquilo que Cristo é, o Filho de Deus. E será ela a levar a notícia à irmã. Isso parece sugerir que quem encontra Cristo e experimenta sua ação salvífica terá mais facilmente acesso ao conteúdo absoluto de Cristo e será levado a investigar nos textos que o anunciavam, que preparavam sua vinda. Irá procurar em toda parte aquilo que poderia ajudá-lo a explicar quem é aquele que o curou. Trata-se de uma indicação importante para hoje, porque mostra que o princípio do anúncio é indicar Cristo como salvador dos seres humanos, sem tantas introduções e ornamentações que parecem esconder, em vez de revelar, o gesto que o mostra ao mundo.

Que é que, então, leva Cristo a dizer que Maria escolheu a melhor parte que não lhe será tirada? Em que Cristo está pensando quando diz isso a Marta a respeito da irmã dela? No entanto, o que diz de Maria ele o queria dizer a Marta. Maria tem, evidentemente, certa atitude que falta a Marta, e deve ser uma atitude que pode ser explicada com a expressão "escolheu a melhor parte". Trata-se de uma atitude que se explica com uma escolha entre coisas que não são a parte melhor e que podem ser tiradas, e a coisa melhor, que, ao contrário, não é tirada.

Ora, se procurarmos no Evangelho passagens, situações ou palavras paralelas que possam ajudar-nos a compreender, devemos considerar, antes de mais nada, Lc 8,18. Aqui se diz: "Cuidai, portanto, do modo como ouvis! Pois ao que tem, será dado. E ao que não tem, mesmo o que pensa ter, lhe será tirado". Com isso, desloca-se nossa atenção para o como escutar. O versículo encontra-se depois da parábola do semeador e de sua explicação e faz parte de um brevíssimo parágrafo no qual se fala de lâmpada, de luz, de visibilidade, de coisas escondidas que deverão ser manifestadas. O que deverá ser manifestado diz respeito, certamente, ao que se pensa possuir, mas que, na realidade, não se possui e que, por isso, desaparecerá, diminuirá. Ora, na explicação da parábola do semeador, existe uma circunstância que pode ser ligada diretamente à situação da casa de Betânia. De acordo com a explicação dada por Jesus, a semente caída em meio aos espinhos são aqueles que, após terem escutado a parábola, deixam-se sufocar pelas preocupações.

Também em Betânia, a acolhida da Palavra não é feita com a totalidade do coração, Cristo não é aceito com um amor de todo o coração, mas sobrevêm as preocupações e outras coisas que impedem uma adesão total. Como se, no fundo, a Palavra, isto é, o Senhor, não estivesse em primeiro lugar, mas outra coisa qualquer, outra coisa que será tirada, que desaparecerá, e deixará a pessoa vazia. E é justamente esse medo do vazio que poderia ajudar-nos a compreender de que coisa Cristo está falando.

Depois do pecado de Adão, abriu-se uma voragem na vida do ser humano. Os Padres diziam que o ser humano, curvado sobre si mesmo, não enxerga nada mais a não ser o próprio umbigo, que se torna memória da ferida. Percebe-se, assim, separado da vida. Nascem os medos, as preocupações consigo mesmo, e a angústia de preencher o abismo que se abriu no lugar da segurança existencial perdida, um tipo de infinidade perversa que não pode ser cumulada. Ramo caído da videira, o ser humano percebe sua ferida, e isso o torna ainda mais determinado em seus medos, impulsiona-o ainda mais a apegar-se àquela pouca seiva que experimenta possuir, a aferrar-se a tudo e a fechar na mão até aquilo que é frágil, a fim de arrancar-lhe força e proteção.

O pecado faz esquecer que a essência do ser humano é o amor e faz acreditar que a carne se salvará somente com as coisas,

A vocação é uma amizade

com os objetos. Essa mesma mentalidade repercute também nas relações. A partir do momento em que a relação parece uma coisa que nos assegura, então fazemos de tudo para fazer-nos aceitar, para tornar-nos objeto do amor do outro, iludindo-nos, da nossa parte, pensando que amamos, quando na verdade nos esforçamos para sermos vistos, louvados e aceitos pelos outros. Esse esforço a fim de "arrumar" nós mesmos pode ser compreendido como um tipo de amor, mas na realidade é uma reação ao medo, à vulnerabilidade existencial que se experimenta depois do pecado.

Isso faz com que, ainda que se escute a Palavra, ela seja submetida, em todo caso, às próprias elaborações, aos próprios objetivos, aos próprios critérios, os quais são, de qualquer maneira, elaborados à beira desse abismo existencial e, por isso, ainda que possam ter uma aparência moral e até mesmo religiosa, têm, subentendida, a inquietude que acompanha quem não está apoiado sobre a rocha. É uma verdadeira e autêntica inquietude porque somos atingidos pela mínima coisa que não se enquadra em nossa visão. Com efeito, cada coisa que não consegue ter seu lugar em nosso esquema mental, elaborado por uma mente movida pelas paixões que acompanham o medo do abismo, representa, para nós, uma ameaça: tememos que, se não conseguirmos controlar as coisas tais como pensamos, seremos nós a perecer.

Na casa de Betânia, curiosamente, encontramos uma Maria que parece o menino amamentado nos braços de sua mãe do Sl 131, e uma Marta agitada, que, na presença de Cristo, adianta-se, quase querendo insinuar que ela é melhor do que Maria, e que Maria é preguiçosa, que não percebe o que deve ser feito e quais são as prioridades. Ao contrário, é a agitação de Marta que Cristo tem sob a mira. Em tal estado de ânimo, Marta não está em condições de escutar a Palavra, portanto, tampouco de acolhê-la, ainda que esteja assim, tão azafamada para servir o Verbo de Deus. Como se essa agitação esvaziasse Marta também de sua hospitalidade. Se ela não estiver atenta, pode acontecer-lhe o que diz Cristo em Lc 8,18, que lhe será tirado também aquilo que acredita possuir.

Ao mesmo tempo, porém, é preciso dizer que Marta, justamente porque presa pela agitação que revela o apego às suas convicções (como deveria ser a hospitalidade, o que Maria deveria fazer, o que Cristo deveria dizer...), é, em todo caso, mais vulnerável. Todos os dogmatismos e fundamentalismos são reveladores de um fundamento frágil, indicam a debilidade, a inconsistência. Por essa razão, Marta, provavelmente, ouviu muito bem a repreensão de Cristo, tanto que, no momento da doença e da morte de Lázaro, ela é a primeira a chamar Cristo e a correr em sua direção, porque sua fragilidade, no fundo, sua carência do Redentor, é mais explícita, mais viva. Nela a ferida é mais sangrenta. Por isso a narrativa de João acerca de Marta e Maria conclui-se com um tipo de "primado" de Marta precisamente sobre a vertente da contemplação, do conhecimento de Jesus Cristo como Filho de Deus.

Não pode haver contraposição entre o serviço — oferecer o pão — e a escuta da Palavra, ou seja, a oração. Trata-se, antes, de uma justa hierarquia entre as duas coisas. Quando Cristo responde ao tentador no deserto, diz, citando Dt 8,3, que não só de pão vive o ser humano, mas de toda palavra que sai da boca de Deus. Não diz que não se vive de pão, mas não se vive *somente* de pão. Quando cura a menina de Jairo, ordena aos pais dar-lhe de comer (cf. Lc 8,55). O que demonstra que a Palavra tem o primado, porque, por meio dela, tudo foi criado, mas a Palavra inclui também o pão. Por essa razão, uma vez garantido o primado de Deus, todas as coisas encontram seu lugar de modo orgânico, sem antagonismos nem dispersão. Justamente o episódio de Marta e Maria, no evangelho de Lucas, encontra-se depois do relato do bom samaritano e pouco antes do ensinamento

A vocação é uma amizade

do pai-nosso. E logo depois do pai-nosso temos a perícope do amigo importuno, que pede justamente comida.

Também a partir dessa composição, é visível a ausência de qualquer contraposição entre contemplação e ação, oração e serviço, mas a questão é a de amar a Deus com todo o coração e ao próximo como a nós mesmos. Isso significa dar a precedência absoluta ao Senhor, mas essa atenção a ele é dada seja como palavra, portanto, como relação íntima, seja como envolvimento corpóreo no serviço, no ato de caridade, em que o amor a Deus se cobre com o amor ao outro. Então, a questão é, verdadeiramente, deslocada mais para cima, ou seja, a quem pertence o coração da pessoa, quem é o primeiro para ela. Cristo diz a Marta que uma coisa só é a de que precisamos. E visto que *uma só coisa* está em oposição às *muitas coisas* pelas quais Marta *se agita*, é evidente que aquilo de que se precisa está em contraposição direta com o que está por trás de tantas preocupações e agitações.

A respeito dessa "única coisa", pode nos iluminar o texto de Lc 18,18-23, no qual Cristo é interrogado por um rico a respeito do que deve fazer a fim de obter a vida eterna. A pergunta vem diretamente ao encontro da questão do medo da morte, lembrada anteriormente. Aqui, há um rico que acumulou tantas coisas para se precaver, mas percebe que, de alguma forma, a insegurança o vence; ele então intui que suas riquezas não bastam para assegurar-lhe uma vida que não conheça fim. Então, pergunta a Jesus o que deve fazer. E Jesus responde-lhe na chave da observância da lei. Cristo quer, dessa forma, colocar também em evidência os limites de uma religião legalista, moralista, que perdeu o verdadeiro sentido da lei: o de gerar e nutrir, em quem a observa, a confiança no Autor da lei. A lei era um pedagogo que deveria ter levado a escolher Deus somente, a dar ouvidos a ele somente e a não compactuar com qualquer outra coisa. E aqui o rico apresenta-se como um ótimo exemplo para aquilo que Cristo quer mostrar. À resposta de Jesus, o rico replica: "Tudo isso tenho guardado desde a minha juventude".

O rico afirma, com efeito, que também uma estrita observância não lhe dá a segurança que ultrapasse a tumba, que vença a morte. Por isso, Cristo lhe diz: "Uma coisa ainda te falta. Vende tudo o que tens, distribui aos pobres e terás um tesouro nos céus. Depois, vem e segue-me". Aqui já é mais claro o que quer dizer *uma só coisa*: é Jesus Cristo. Aceitar que Deus tenha o primado no coração. Isso significa liberdade interior, não esperar a salvação advinda das coisas que, de fato, não conseguem dá-la. É o princípio da sabedoria, a certeza conquistada com temor de que nada nem ninguém pode substituir Deus. "Ele, porém, ouvindo isso, ficou cheio de tristeza, pois era muito rico." Talvez porque, no fundo, confiava em suas coisas mais do que no Senhor a quem havia dirigido a pergunta. Parece que, de algum modo, o rico ficou surpreso com a resposta de Cristo. Uma vez que havia perguntado o que devia fazer, provavelmente esperava algum conselho acerca de seu comportamento, mas Cristo sugeriu-lhe realizar uma ação que é a tal ponto total que exige um modo preciso de ser, uma conversão radical do coração. Cristo propõe fazer uma coisa pela qual o coração deveria ser purificado de todos os desejos, a fim de possuir um só: o de poder permanecer com o Senhor e segui-lo. Mas, evidentemente, o rico não consegue compreender o que significa permanecer com Cristo e segui-lo, nem lhe captar o alcance em termos de segurança de vida, de vitória sobre a morte. Além de não perceber que, deixando tudo, permanecendo com o Senhor, sua vida participa de uma realidade infinita, sem confins. Existe algo em sua mentalidade que o impede de chegar a essa compreensão.

Trata-se de algo que ainda hoje questionamos profundamente: o fato de que seja possível uma religião que, na realidade, funciona só aparente e parcialmente, sem conseguir ter incidência sobre a vida da pessoa, de modo a fazê-la ir para além do túmulo. Pode-se ter um arranjo religioso intelectual e moral, o qual, porém, não leva a experimentar a vida eterna, a alegria e a criatividade que derivam dessa experiência. Poderia

A vocação é uma amizade

haver algo dessa atitude na agitação que Cristo observou em Marta. Sua admoestação, portanto, chegou a instigá-la a se questionar acerca da última verdade do próprio coração, sobre aquela única coisa necessária. Com efeito, interrogando-se e indagando sobre essa única coisa é que se chega à consciência da necessidade urgente da salvação para poder viver uma vida que permanece. E essa vida que permanece se realiza somente em amizade com Cristo.

A amizade com Cristo, porém, não pode ser confundida com uma observância religiosa que, em todo caso, não inflama o coração para uma escolha total e para um amor prioritário, absoluto. Marta já é uma amiga de Cristo, já é uma discípula, alguém que pertence à sua comunidade. Mas pode ser exemplo daqueles que se entusiasmaram por Cristo, que são capazes de acolhê-lo com tanta diligência, mas que, em sua mentalidade, permanecem ancorados em velhos esquemas, de modo que não permitem esse encontro total. Marta reclama de Maria porque Maria não corresponde ao que ela pensa que se deveria fazer. Trata-se da mentalidade típica de um trato moralísitco e ideológico da fé e da vida. Resmungam, por exemplo, os pretensos justos de Lc 15,1-3, porque Cristo deixa que publicanos e pecadores se aproximem dele. Protestam os fariseus, perfeitos observadores da lei, porque Cristo come com os pecadores, e eles não conseguem aceitar a imagem de profeta, de mestre, que Cristo está propondo.

Mas os judeus do capítulo 10 de João reclamam e se agitam, porque não podem aceitar que Cristo fale do Pai, nem que ele seja a porta, que seja Deus, que Deus tenha um Filho. Existem demasiadas coisas que não podem aceitar. Por esse motivo, sublinham obstinadamente aquelas que admitem com facilidade e que, para eles, tornam-se uma espécie de baluarte, de segurança sociológica, social, intelectual, um conceito de Deus que se torna um esconderijo do ser humano morto, do ser humano que prefere as trevas.

Perante uma religião de tal espécie, sobressai a pobre viúva de Lc 21,1-4. Diante dos escribas, Cristo levanta a voz e diz aos discípulos:

> Cuidado com os escribas que sentem prazer em circular com togas, gostam de saudações nas praças públicas, dos primeiros lugares na sinagogas e de lugares de honra nos banquetes, que devoram as casas das viúvas e simulam fazer longas orações. Esses receberão uma sentença mais severa (Lc 20,45-47).

Desse modo, Cristo desnuda uma falsa religiosidade, em que as pessoas se exibem em longas orações, às quais, porém, não se segue uma atitude de serviço e de justiça para com os demais. Também a partir daí se pode deduzir que em Lc 10 não está em jogo a alternativa entre o rezar e o agir. Mas justamente naquele instante, achando-se diante do tesouro do templo e observando como as pessoas lançavam dinheiro, Cristo vê uma viúva que coloca ali "duas moedinhas". Então diz aos discípulos: "De fato, eu vos digo que esta pobre viúva lançou mais do que todos, pois todos aqueles deram do que lhes sobrava para as ofertas. Esta, porém, na sua penúria, ofereceu tudo o que possuía para viver". Os assim chamados pobres de YHWH do Antigo Testamento" eram aqueles que viviam unicamente da confiança em Deus, certos de serem assistidos por ele. A viúva de Lc 21, oferecendo tudo o que possuía para viver, é a mais explícita resposta ao que quer dizer "uma só coisa". Quando se consegue evidenciar aquilo com que se conta para sobreviver, entrevê-se aquilo que é o fundamento: se é falso, desaparecerá; se é verdadeiro, permanecerá. A pobre viúva deu a Deus quanto possuía para viver, ou seja, entregou-se a si mesma a ele. Ora, o ser humano não está em condições de realizar sozinho essa entrega, porque não basta compreendê-la e optar por ela.

A vocação é uma amizade

A fé não é um ato redutível às noções racionais e às opções da nossa vontade. Também ao doutor da lei de Mc 10,21, Cristo diz: "Uma só coisa te falta", que é exatamente a passagem do compreender ao comprometer-se. O mesmo acontece com o jovem rico, que compreendeu, mas não seguiu o Senhor. Maria escolheu a melhor parte, mas ainda não chegou a uma plena consciência e uma plena experiência desta, até que Jesus não chegue a Betânia para ressuscitar Lázaro. Com efeito, encontrá-la-emos ainda a chorar o morto. O que resulta, portanto, desse texto, é que o discipulado tem como fundamento a amizade com Cristo, um amor que toma a pessoa por inteiro e que tem em Cristo toda a precedência, de modo que, acolhendo sua qualidade de absoluto, faz participar, assim, da vida eterna. Maria encaminhou-se rumo a essa atitude da prioridade de Cristo mas, como veremos, ainda a espera certo caminho para que alcance a plena verdade do Senhor. Marta terá um percurso mais dramático. Ambas, no entanto, ainda que amigas de Cristo, não obstante discípulas, viverão ainda um processo dinâmico no relacionamento com ele, o qual será, para elas, um caminho de maior purificação, de salvação e de conhecimento.

Os amigos de Cristo adoecem

Voltemos a Jo 11. A primeira notícia que o evangelista dá é que se achava doente certo Lázaro, de Betânia, irmão de Marta e Maria, as quais mandam dizer a Cristo: "Senhor, teu amigo está doente". À primeira vista, parece uma notícia totalmente normal entre amigos. Aliás, exprime a beleza das relações, certa humanidade solidária na dor. Mas, se levarmos em conta que Lázaro é amigo de Cristo, a coisa afigura-se mais estranha. Se dissemos que a vocação é um chamado à amizade com o Senhor, justamente para alcançar a vida eterna, o início deste capítulo torna-se muito mais complexo. Se Lázaro é um amigo de Cristo, de uma amizade humanamente assim forte a ponto de Cristo comover-se até as lágrimas, como é que chega a morrer? Como é possível que os amigos de Cristo adoeçam e morram?

À notícia da doença de Lázaro, Jesus reage afirmando imediatamente que tal enfermidade não é para a morte, mas para a vida. Com isso, faz uma referência direta à tradição veterotestamentária, em que a doença é expressão do pecado, e o pecado leva necessariamente à morte. Dessa forma Cristo alude, mais ou menos abertamente, ao estado criatural do ser humano, que não pode evitar seu destino de morte. O ser humano é frágil e, no rastro da sabedoria do Antigo Testamento, pode-se dizer: "Toda carne é erva e toda a sua graça como a flor do campo" (Is 40,6). A vida do ser humano é como a palha que o vento dispersa. A convicção de que o salário do pecado é a morte é uma certeza correta que atravessa todo o Antigo Testamento e chega até Cristo. O Senhor procura dar uma nova interpretação a essa situação humana e, nessa passagem, procura mostrar que existe morte e morte. Começa a cindir, requintadamente, o significado da morte. A doença é um estado inevitável do ser humano, que lhe recorda de forma dramática seu fim mais ou menos iminente. Aqui, porém, Cristo diz: "Essa doença não é para a morte, mas para a glória de Deus". E faz uma precisão ulterior do sentido: "Para que, por ela, seja glorificado o Filho de Deus". Uma afirmação que evoca o início do capítulo 9, de João, em que a propósito do cego de nascença, alguém pergunta se o culpado de tal situação seria ele ou os pais dele: "Nem ele nem seus pais pecaram, mas é para que nele sejam manifestadas as obras de Deus" (Jo 9,3). A enfermidade do ser humano é conseqüência do pecado. O pecado é aquele ato trágico no qual o ser humano toma o lugar de Deus, é a passagem para a idolatria, onde, no lugar de Deus como interlocutor, o ser humano escolhe uma criatura, uma árvore, e pretenderia, a seu modo, obter dessa árvore aquilo que, de per si, somente Deus lhe pode dar, ou seja, a vida eterna. Separando-se de Deus, o ser humano experimenta a morte e, portanto, reage de acordo com a lógica da morte, isto é, conforme o impulso do medo e da preocupação consigo mesmo. E isso o leva a cravar seu olhar sobre seu pecado, sobre sua fragilidade e sobre aquilo que, segundo ele, ajudá-lo-ia a superá-la. A verdade do ser humano é, portanto, a de estar destinado a perecer, porque se desvinculou da fonte da vida. Por essa razão, na Bíblia, a situação do ser humano é praticamente a enfermidade, como já vimos. No interior dessa doença é que o ser humano busca organizar a vida de acordo com certa mentalidade, chegando à ilusão de chamar saúde a um estado patológico. Quando o ser humano não experimenta sua fragilidade, seu limite, esquece-se de estar separado da fonte e ilude-se com as próprias forças. Quando, ao contrário, adoece, essa ilusão desmorona e percebe que morrerá.

Agora, porém, Cristo diz que Lázaro está doente não para a morte, mas a fim de que Deus seja glorificado. Então, a situação se inverte. Se o ser humano, no momento da tentação descrita em Gn 3, não estava em condições de glorificar a Deus, agora será testemunha da glória de Deus e poderá glorificá-lo justamente em sua fragilidade, que ora padece, porque se rebelou contra o Criador. A doença do discípulo de Cristo transforma-se, assim, em lugar privilegiado para a manifestação de Deus. Se o pecado é a falência do ser humano, e a morte o explicita, agora essa mesma realidade torna-se triunfo de Deus, mas como revelação de seu imenso e misericordioso amor, que consegue afirmar o ser humano justamente no espaço de sua falência. A morte do Filho de Deus coloca-se exatamente nesse plano, e também a de Lázaro parece orientada nessa direção. É claro, porém, que o discípulo de Cristo não está em condições de glorificar a Deus até que não se manifeste a glória de Deus em sua verdade de ser humano, de criatura corrompida pelo pecado e incapacitada de um conhecimento justo do Senhor.

A glória de Deus manifesta-se sempre mediante o Filho. A menção da manifestação da glória alude às núpcias de Caná (Jo 2,11), onde começa o "dia" do Messias, cheio dos muitos sinais que ele realiza justamente até a ressurreição de Lázaro. Depois da ressurreição de Lázaro, os seus inimigos entram em acordo para matá-lo, alegando que ele "realiza muitos sinais" (11,47). A glorificação de Cristo na ressurreição de Lázaro leva a uma glorificação ulterior, gerada a partir desse evento. No milagre da vida restituída a Lázaro, revela-se a glória de Deus, mas justamente em tal episódio antecipa-se como essa glória se desvelará em toda a sua trágica magnificência na hora do Senhor, em sua morte, quando, sobre a cruz, Jesus revelará a plenitude do amor do Pai, o pleno cumprimento de seu desígnio. Esse milagre, de fato, glorificará Jesus não no sentido de que o povo o admirará e o louvará, mas no sentido de que o conduzirá à sua morte (cf. 11,45-53). Essa alusão à glória, bem como os versículos que se seguem, relativos à alternância entre dia e noite, situa o episódio de Lázaro no evento pascal, um evento do qual Maria, como veremos mais adiante, ungindo Jesus como que para a morte (Jo 12,1-8), parece ter cumprido uma extraordinária antecipação.

João acrescenta estranhamente: "Ora, Jesus amava Marta e sua irmã e Lázaro. Quando soube que este se achava doente, permaneceu ainda dois dias no lugar em que se encontrava". Como é possível que João sublinhe que Cristo amava esses três amigos se depois decidiu esperar ainda dois dias? Trata-se, certamente, de algo que deve ser entendido no sentido de uma nova compreensão da doença e da morte que Cristo deseja desvendar aos discípulos. Os discípulos já tinham visto os muitos sinais realizados por ele, mas nem sempre captavam seu significado último. Cristo sabe que, se ele tivesse estado em Betânia e tivesse curado Lázaro, teria acontecido o mesmo que com a sogra de Pedro, ou com tantos outros miraculados, perante os olhos dos discípulos.

Cristo espera que a morte de Lázaro seja constatada definitivamente e, a seguir, subirá para chamá-lo para fora da tumba. É também interessante perceber que todos pensam que Lázaro dorme, ao passo que Cristo procura fazê-los compreender que ele está morto mesmo. Aliás, Jesus conclui explicitamente: "Lázaro morreu. Por vossa causa, alegro-me de não ter estado lá, para que creias". Como é contrastante essa reação de Cristo entre o anúncio da doença e da morte, e de uma alegria quando diz "por vossa causa, alegro-me"! É como se quisesse mostrar-nos que ele sente afeto por seu amigo Lázaro, mas leva em consideração também os discípulos, as irmãs de Lázaro e os hebreus que estão presentes. Como se estivesse totalmente consciente de que esse caminho rumo a Jerusalém era o último, e Lázaro, para ele, era como um sinal, não como aquele do filho da viúva de Naim, mas um sinal mais explícito, mais eloqüente para os discípulos, a fim de que pudessem entesourá-lo e, na esteira deles, todas as gerações cristãs.

Dissemos que chama a atenção o fato de que os amigos de Cristo, tão amados por ele, morrem. Não é possível omitir essa circunstância para uma avaliação, nesse sentido, dos nossos enfoques formativos e pedagógicos no caminho espiritual. No Evangelho, não se evita uma forte consciência da verdade daquilo que o ser humano é, como pessoa criada e ferida pelo pecado. A conseqüência do pecado é uma realidade que é sempre considerada em nosso horizonte e, quando é tocada com a mão, é preciso voltar-se para Cristo: as irmãs, de fato, enviaram-lhe a notícia.

Como interpretar as
conseqüências do pecado

É muito perigoso criar para si uma visão do ser humano predominantemente filosófica ou psíquico-sociológica, na qual as conseqüências do pecado não estão incluídas teológica e espiritualmente, mas elaboradas de modo descritivo, no limite da constatação, projetando-as sobre nosso pano de fundo do ideal humano. No final das contas, esse ideal termina por provocar duas reações opostas: ou de presunção, porque parecemos corresponder a elas, ou de depressão, de desencorajamento, porque delas nos distanciamos demasiadamente. No caminho formativo, muitas vezes é problemático justamente perceber as conseqüências do pecado de Adão, o que fazer dele, como compreendê-lo e enfrentá-lo. Tenta-se fazer análises, mas em que sentido? Quem elabora os critérios? E essas análises vão além de uma explicação dos mecanismos que interagem nos fenômenos?

Amiúde se pretenderia conscientizar tudo racionalmente. Tudo indica que é um processo que serve para uma pacificação psicológica, mas se indaga se aumenta a chama que faz arder por Deus, que faz anelar por ele, que faz gritar seu nome. Procura-se também fechar os olhos às fragilidades e às conseqüências do pecado do ser humano. Busca-se ultrapassá-las, sublinhando uma visão mais ideal, mais conforme ao que pedimos do ser humano, elaborando, assim, um tipo de gnosticismo antropológico que é capaz de propor continuamente novos projetos que, não obstante, parecem feitos para a descendência de Adão, profundamente ferida pelo pecado e capaz de, a qualquer momento, subverter qualquer ideal e qualquer propósito.

Às vezes, parece também espreitar uma atitude dogmática sob a aparência da redenção do ser humano, — pensar que o ser humano está redimido e com isso se tornou um herói, um tipo de super-homem de modo definitivo e estável, sem levar em consideração que se trata de um processo, de uma dinâmica. Mas também se pode esconder completamente essa verdade do ser humano pecador, esmagá-la sob um idealismo espiritualista e falsamente religioso. É possível encher totalmente a mente e a boca com uma fraseologia religiosa a ponto de sufocar tudo aquilo que não lhe corresponde e que ainda invocaria a salvação, porque não se pode admitir que exista. Também porque não se sabe o que fazer com essa realidade.

O nosso anúncio, como também nossa formação espiritual, seria impostado a partir do horizonte trinitário e colocado em Cristo. E nossa humanidade, sobretudo aquela dimensão marcada pelas conseqüências do pecado, deveria ser considerada em Cristo, na única luz possível, que é a do Espírito Santo. Isso significa que existe uma luz que nos ilumina, a fim de nos mostrar nossa realidade em relação a Cristo, e que nos vivifica, porque nos faz descobrir nossas insuficiências, nossas enfermidades e nossas mortes em uma prospectiva invertida, ou seja, assim como o Cristo as vê e como se encontram assumidas nele, transmutadas, portanto, da morte à vida.

Essa visão global sintética não pode ser estorvada por procedimentos e metodologias formativas pedagógicas ou pastorais que não sejam diretamente restituíveis a essa visão espiritual, porque serão um verdadeiro obstáculo, serão desencaminhadoras, e conduzirão, inevitavelmente, a uma visão dualista. Ao passo que uma visão espiritual inclui organicamente todas as abordagens auxiliares e tudo o que o ser humano criou, também sem um horizonte religioso, a fim de ajudá-lo a viver melhor. A questão

Como interpretar as conseqüências do pecado

crucial é: qual o campo sobre o qual se faz a síntese, qual é a luz sob a qual se vê a relação orgânica entre essas realidades?

Somente uma visão espiritual, no sentido autêntico, pode manter juntas tantas realidades à luz do último sentido da vida do ser humano. Apenas em tal aproximação permanece sempre claro o sentido do ser humano como participação em Cristo e, mediante ele, no amor do Deus trino. Do contrário, é fácil que apareçam visões parciais, mas igualmente totalizantes e, em âmbito formativo, isso pode tornar-se não somente desorientador — dado que são ilusões —, mas um verdadeiro engano que acaba nas ilusões. É muito freqüente que as modas culturais incidam de maneira tão radical em nossa reflexão teológico-espiritual a ponto de chegar a pactos muito arriscados na abordagem formativa.

É fácil depararmo-nos, por exemplo, com quem afirma que o ser humano deve chegar a um estado de falta absoluta de condicionamentos em sua história, de modo que, em uma tranqüilidade total, na ausência de sofrimentos, possa decidir sobre sua vida, sobre sua vocação. Mas é claro que, depois, quando na vida aparecem os problemas, as dificuldades, a cruz, surgirá facilmente, também, o pensamento de que é preciso tomar distâncias do próprio caminho, libertar-se de tudo e de todos, começar a viver uma vida como se acha agora que deve ser vivida, concluindo que, quem sabe, estava condicionado no tempo da própria escolha.

Uma abordagem espiritual move-se em três níveis. Trata-se de ver como, através da própria história — aquela verdadeira, não aquela desejada —, Deus age na pessoa, como a chama à sua amizade e como a une a Cristo. É uma aproximação contemplativa, portanto, em que se procura descobrir o Espírito que age na pessoa. Sobre essa esteira, é impossível partir dos ideais formais dos estados de vida, das vocações, das missões, das obras, dos empregos, das profissões, mas parte-se da concretude da pessoa, em diálogo com essa realidade, procurando a via que mais possa ser útil para realizar uma amizade com Cristo que chama, que nos alcança e que gostaria de levar-nos a experimentar a vida que não passa. Evidentemente, tal aproximação também tem uma dimensão eclesial, social, uma consciência solidária de todo o gênero humano, um olhar realista que não permite ilusões nas grandes mudanças das pessoas, da humanidade de modo geral, mas que compreende que o pecado e suas conseqüências — portanto a mortalidade, a vulnerabilidade, os medos, as angústias — dissolvem-se somente no tríduo pascal de Jesus Cristo e também de seu discípulo.

Uma formação que seja verdadeiramente um caminho espiritual deve ser com os outros e levar a sentir-se parte dos outros. Tudo, portanto, é percebido na perspectiva do amor, ou seja, da participação no amor que adquire sempre mais explicitamente as conotações do amor de Deus. A formação, pois, é uma dinâmica, um processo em que as metas e as etapas não podem ser estabelecidas de maneira formal, mas, ao contrário, como conotações pelas quais se consegue discernir e ver se a pessoa amadurece na fé. Por essa razão, também têm seu próprio peso as pausas, as paradas, que, às vezes, podem ser longas esperas.

Com efeito, chama a atenção que, apesar de amar Lázaro e suas irmãs, Cristo espere, retarde. Mas, certamente, vendo-o alguns dias depois chorar junto à tumba de Lázaro, essa espera não era para ele uma brincadeira, algo que não o tocava. O amor não pode deixar de tocar quem ama, não pode deixar de envolver. É quanto sugere o termo grego do v. 5: Jesus "amava" (*egápa*), que significa não apenas que sentia afeto, mas que exercitava uma verdadeira e autêntica "atividade de amor". O amor é envolvimento, é saber olhar em prospectiva, é conhecer o sentido espiritual do tempo. "O pecado é a pressa", responde um Padre do Deserto ao jovem monge que lhe pergunta o que seria o pecado. Nossa cultura contemporânea está marcada, até nos detalhes, pela correria, pela impaciência, e tudo é arranjado segundo a lógica do melhor e do imediato.

Como interpretar as conseqüências do pecado

Contudo, na formação, não considerar o tempo de um amadurecimento e o ritmo longo de uma integração significa queimar etapas, enganar e, por sua vez, ser enganados. O Espírito tem um caminho próprio e fazem parte desse caminho também as dores, a solidão, a queda, que possuem um curso específico, as quais, amadurecidas, conduzem à sabedoria, que, com seu tempo de reflexão e de oração, levam à humildade. A espera de Cristo ajuda a perceber com clareza que seu modo de proceder não é o de uma "intervenção imediata", mecânica, de reparo, mas é um regenerar o ser humano novo. Cristo vai até Lázaro para acordá-lo; vai até os hebreus para demonstrar solidariedade na morte.

A presença de Cristo dá a vida

Quando, finalmente, Cristo chega a Betânia, Lázaro já está há quatro dias no sepulcro, ou seja, o tempo suficiente para não haver nenhuma dúvida quanto à sua morte. Os quatro dias da morte de Lázaro, além de serem uma referência concreta no caso específico, possuem também um valor simbólico. Quatro é o símbolo da totalidade do tempo passado, portanto, a morte de toda a humanidade, desde o início, e a gruta-sepulcro do v. 38 está nas origens do povo de Israel (faz lembrar a gruta de Macpela, do livro do Gênesis, onde foram sepultados Sara e Jacó). O sepulcro é, portanto, aquele do antigo Israel e da humanidade em geral, onde todos até agora foram colocados e aonde todos estão destinados a ir. Betânia, seja a comunidade de Cristo, seja a dos hebreus, está envolta em luto. Marta, tão logo fica sabendo que Cristo está às portas do vilarejo, corre-lhe ao encontro. Maria permanece sentada em casa. Vimos Maria sentada em Lc 10 e encontramo-la em casa também aqui. Ao passo que Marta, que ali servia, agora põe-se de pé e corre ao encontro do Senhor.

Já acenamos ao fato de que nela existe uma ânsia de salvação evidentemente mais viva, mais urgente. O soalho psicológico e mental que Marta construiu para si é, obviamente, de certo modo, também sufocante, e a morte do irmão e a ausência de Cristo fazem despertar nela alguma coisa. O percurso da fé está sempre na confluência de dois movimentos: do Senhor, que vem, e de nossa parte, que saímos de nossa gruta e vamos ao seu encontro. A primeira coisa que Marta diz a Cristo é, "Senhor, se estivesses aqui, meu irmão não teria morrido". Percebe-se que em Marta amadureceu exatamente aquilo de que Cristo havia falado em Lc 10; vê-se que Marta adquiriu o pleno significado da presença de Cristo, que o que conta é ele e que é preciso dar toda a atenção a ele. Então, tudo o mais se compõe organicamente, como é justo que se componha. Que Marta tenha amadurecido exatamente naquilo que é a fé, ou seja, a relação com o Senhor, constata-se também na seguinte frase: "Mas ainda agora sei que tudo o que pedires a Deus ele te concederá". Marta, agora, está certa de que existe uma relação totalmente única entre Jesus e Deus, e que aderir a Cristo significa também um acesso particular a Deus.

É evidente que Marta encontra-se no limiar do maior mistério, o trinitário. Encontra-se na iminência de perceber em Jesus Cristo o Filho de Deus e, portanto, o acesso ao Pai. Marta intui que a adesão a Cristo também significa receber "o conteúdo" de Cristo, que, para ela, naquele instante, significa a resposta de Deus a sua dor. Marta intui, uma vez mais, que o amor que Cristo tem pelas pessoas a quem ama pode comover o Pai e levá-lo a ressuscitar o irmão defunto. De alguma maneira, Marta compreende que existe uma sintonia entre o querer do Pai e o amor de Cristo por seus amigos. O Pai quer que o ser humano viva, e, no entanto, o ser humano morre. Mas Cristo, que se faz amigo desse ser humano e quer sua vida, porque o ama, atrai a vontade do Pai sobre si, uma vontade de vida, e esse ser humano viverá.

Aqui, coincidem a vontade de Deus Pai, que é a vida, e o amor manifestado em Cristo, que é a vida do ser humano: "Eu vim para que tenham a vida e a tenham em abundância" (Jo 10,10b). Então, o ser humano vivente é, verdadeiramente, a manifestação de Deus e de seu amor, porque é sua glória. E se Lázaro, portanto, ressuscitará, será uma manifestação da glória de Deus, porque será revelado, de modo sensível, no ser humano, o querer de Deus, que é a vida do ser humano, mas confirmado com o amor, com a comoção, e não com a força e a violência, como quando o ser humano impõe sua vontade sobre o mundo criado.

A vontade de Deus é seu próprio amor, por isso se propõe com a liberdade e também é acolhido com a adesão livre. A vontade do ser humano, marcado pelo pecado, é uma vontade passional, uma vontade intransigente, que exige ser realizada quase na forma da possessão. Uma vontade ligada a um pensamento passional é uma verdadeira ditadura, seja para a pessoa que a exercita, seja para aqueles em relação aos quais é exercitada.

Cristo replica a Marta: "Teu irmão ressuscitará". Ela confessa a fé baseada na grande profecia de Isaías (cf. Is 26,19; 40,5 LXX) sobre a ressurreição final, mas Jesus lhe diz: "Eu sou a ressurreição. Quem crê em mim, ainda que morra, viverá. E quem vive e crê em mim jamais morrerá". Cristo colhe nas palavras de Marta aquela abertura que ele tanto desejava justamente porque a amava. Então, diz-lhe, de si mesmo, algo que, de modo semelhante, já o disse diversas vezes aos discípulos, ainda que não tenham compreendido o alcance de sua revelação. Cristo afirma: "Eu sou a ressurreição e a vida". Isso quer dizer que não se pode ressuscitar prescindindo de Cristo e não se pode compreender a ressurreição senão a partir dele. Não existe uma ressurreição paralela a Cristo. Existe uma única ressurreição dos seres humanos, a de Jesus Cristo. Nós, seres humanos, somos a humanidade assunta por Cristo, filhos adotivos no Filho. Portanto, não existe uma vida que pertença à ressurreição senão aquela na pessoa de Jesus Cristo.

Nesse colóquio entre Jesus e Marta, existe um crescendo, em Marta, na compreensão de sua fé. No início, Marta vê Cristo como um mediador perante Deus ("sei que tudo o que pedires a Deus..."), ainda que compreenda que existe uma união singular entre ele e o Pai. Mas escapa-lhe que a vida e a ressurreição que Jesus dá não são a exceção de um caso particular, mas estão contidas na vida mesma que comunica. Para Marta, a ressurreição é algo ligado ao último dia, ainda distante, portanto. Continua a pensar, ainda, em categorias judaicas. Mas quando Cristo afirma "eu sou a ressurreição e a vida", e ela adere com sua profissão de fé a essa declaração, abre-se, para Marta e para todo discípulo, uma compreensão bem mais profunda. Jesus identifica a si mesmo com a ressurreição. Esta, então, não é algo relegado para o futuro, porque o Senhor está presente.

A salvação que Jesus comunica não se realiza com atos isolados, mas é uma transformação a partir de dentro do ser humano inteiro. É uma comunicação ao ser humano de uma qualidade de vida indestrutível. A vida que Cristo comunica é ele mesmo, porque é o seu Espírito, e essa vida é de uma qualidade tal que, deparando-se com a morte, supera-a. A vida, o Espírito que Cristo comunica é, de fato, o amor eterno da comunhão do Pai, do Filho e do Espírito Santo. A ressurreição é, então, a continuidade, a presença da vida do Espírito que Cristo comunica.

A morte, portanto, não interrompe a continuidade entre nossa vida terrena na presença do Senhor e aquela depois da morte. A vida após a morte não é, pois, algo completamente diferente, ainda que sua qualidade seja radicalmente diversa. A vida terrena, vivida na presença do Senhor, uma vida gasta no amor do Senhor, é a garantia e, ao mesmo tempo, o fundamento da continuidade da mesma vida depois da morte. A ressurreição é a presença do Senhor e a qualidade de vida que sua presença determina, desde agora.

Como se participa dessa ressurreição? Essa pergunta foi um empecilho para os hebreus e também para os discípulos. Mas, desta vez, num lugar à parte, em um diálogo muito pessoal, Cristo encontra, finalmente, uma pessoa que amadurece até compreendê-lo. A participação na ressurreição acontece mediante o crer, o crer em Cristo, um credo tão total que é reservado somente ao Deus onipotente, Criador do céu e da terra e Senhor da história. Crer significa aderir com um princípio de amor, de amizade a Cristo e, através dessa amizade, mediante essa acolhida, transplantar-nos nele, ou seja, permitir que ele nos comunique seu Espírito-vida a fim de que vivamos. Por isso, Cristo pergunta a Marta explicitamente: "Crês nisso?".

A presença de Cristo dá a vida

Justamente essa era a "única coisa" que lhe faltava e que Maria havia escolhido.

Marta, que agora encontrou Jesus, não somente no sentido de que se deparou com ele às portas do povoado, mas, acima de tudo, no sentido da fé plena, agora vai chamar sua irmã, assim como, no início do Evangelho, André e Filipe, que haviam encontrado o Senhor, vão em busca de Pedro e de Natanael. A passagem da morte para a vida se realiza com a escuta que leva ao assentimento. Tanto é verdade que, quando Maria chega, chamada por sua irmã, dirá a mesma frase de Marta: "Senhor, se estivesses aqui, meu irmão não teria morrido". Maria, pois, desde Lc 10, possui essa adesão inabalável a Cristo, convicta de que sua presença não suporta a morte, que sua presença é uma luz de tal monta que impede a noite de condensar-se.

Marta, a contemplativa

▶ Contudo, Marta é aquela que dá um passo além e que pode ser um exemplo típico da contemplação espiritual. Ela consegue ver em um rabi não simplesmente uma ação particular de Deus, não apenas um homem tão santo a ponto de estar pleno de Deus, mas o reconhece como Filho de Deus: "Sim, Senhor, eu creio que tu és o Cristo, o Filho de Deus que vem ao mundo". A resposta de Marta, assim como a confissão de Pedro em Cesaréia de Filipe (cf. Mc 8,27-30), com a qual se assemelha, tem algo diferente das outras confissões semelhantes (cf., por exemplo, Jo 1,49 ou 9,35-38).

No caso de Marta e de Pedro, essas confissões são destacadas do particular para a compreensão de seu significado geral para o mundo. Aqui, a força das palavras de Cristo e a resposta de Marta superam, de longe, a questão particular da morte de Lázaro, reconduzindo-a aos fundamentos gerais da vida, da morte e da ressurreição. Dessa forma, o caso particular recebe o significado de "testemunho" geral, como também diz o tropário do sábado de Lázaro na liturgia bizantina: "Para confirmar a fé na ressurreição comum, antes de tua Paixão, ressuscitaste Lázaro dos mortos, ó Cristo Deus".

Ademais, o "que vem ao mundo" de Marta confirma a via soteriológica, messiânica, percorrida pela mulher. Ela esperava o Messias. Não simplesmente porque os profetas o haviam anunciado, mas porque seu amor por Lázaro, assim forte e intenso, não havia conseguido manter o irmão em vida. Marta constatou que também um amor assim total, que envolve e exige obras concretas, não está em condições de dar a vida, sequer mesmo de conservá-la, de mantê-la, de detê-la.

No entanto, Marta sabe que o ser humano não é capaz de algo maior do que o amor. Então, intui que seu amor por Cristo pode ser o caminho que leva ao Pai para restituir a vida ao irmão. Marta acolhe Cristo que está vindo, e sua acolhida é total. Seu amor por ele assume o primado absoluto em seu coração. E é esse amor por Cristo que salva Marta e Lázaro. A Marta de Jo 11 é, agora, diferente daquela de Lc 10,38-42. E o que nela mudou foi justamente a acolhida de Cristo. Marta não aceita mais Cristo no interior de suas coordenadas mentais costumeiras. Em Lc 10, vimos como essa acolhida era ainda marcada pela lógica muito exata de Marta, pela idéia de que ela fosse a que sabia como ser hospitaleira com Cristo e, por isso, aborrecia-lhe que sua irmã não agisse conforme ela pensava que deveria. É a atitude típica de quem ainda está concentrado sobre si mesmo, ainda que movendo-se em um horizonte do bem e do dever.

Com efeito, pode-se ter uma mentalidade própria, que consegue aceitar Cristo, colocando-o no interior das próprias coordenadas, sem, com isso, provocar uma perturbação no sistema. Aliás, desse modo, Cristo pode ser um motivo de julgamento do outro, justificando, assim, o próprio sistema de pensamento. Pensando em Cristo de um modo racional, não apenas podemos constituir-nos juízes dos outros em nome dessa pretensa acolhida, mas também podemos até mesmo começar a apelar para ele a fim de que venha em auxílio de nosso modo de pensar e de proceder. Começamos, pois, a usar Cristo para apoiar nosso próprio modo de pensar. Tentamos justificar-nos com algum pretenso motivo espiritual-religioso para nos dar a ilusão de estarmos no caminho certo.

Contudo, dado que vimos que esse jeito de pensar de Marta era construído no modo típico da autodefesa, da auto-afirmação, para superar a insuficiência da vida, que é conseqüência do pecado, isso significa que é possível até mesmo chegar a "acolher"

Cristo a fim de suprir a própria insuficiência de vida, a fim de acudir as conseqüências do pecado, que são a angústia, o medo de si, e, assim, reduzindo Cristo a um tipo de *deus ex machina*. Mas, com isso, procura-se somente salvar com Cristo aquela couraça que foi construída para defender a nós mesmos e que, ao contrário, torna-se um muro no confronto com o próximo e com Deus.

Chega-se, desse modo, a usar Cristo, a religião, a fé como apoio de uma mentalidade que é a conseqüência do pecado e que consegue passar a ilusão de tutelar o ser humano. No entanto, uma impostação dessa natureza se trai com a agitação, porque jamais conduz à paz pelo simples fato de que nada, nem mesmo Cristo, pode garantir que, com essa mentalidade e essa vontade, movidas por uma passionalidade de autodefesa, de auto-salvação, alguém atinja, verdadeiramente, a vida que permanece.

Ora, em contrapartida, vemos uma Marta que acolhe Cristo não mais no interior de sua mentalidade, mas que deixa que a vinda do Senhor descerre, supere, amplie seu horizonte. Agora, Marta acolhe Cristo e parte com o pensamento do Cristo que a acolheu. Seu raciocínio, agora, se liga diretamente à pessoa de Cristo que vem em sua direção, ou seja, em direção à tumba de Lázaro, e que lhe pergunta se ela crê deveras que ele é a ressurreição e a vida. Marta não consegue mais dizer sim dentro de seu modo de pensar habitual. Se assim fosse, teria, imediatamente, um olhar de superioridade para com a irmã e para com os que estavam à sua volta, que não tinham compreendido ainda, e a aborreceria se os outros não tivessem captado o que ela entendera.

Ora, Marta adere a ele com um amor que a torna livre da própria mentalidade, tanto que consegue até mesmo exprimir aquilo a que um raciocínio de dedução não conseguiria fazê-la chegar jamais. Marta chega, pois, a uma verdadeira contemplação, uma contemplação que está para além dos mecanismos conseqüenciais e dedutivos do pensamento. Uma contemplação que é um raciocínio de amor, que faz descobrir o amado em toda parte. O amor por Lázaro coincide com o amor por Cristo. Por isso, a constatação de que Cristo é o Filho de Deus a faz reencontrar também a Lázaro, e o irmão morto torna-se o lugar da manifestação de seu amado. A ressurreição de Lázaro acontece porque Marta acolhe a fé que confessou. Por essa razão, aqui, juntamente com a ressurreição de Lázaro, também Marta ressuscita, porque alcança uma presença do Senhor capaz de dar qualidade nova a sua vida.

Trata-se de uma verdadeira e autêntica contemplação, na qual, pois, dentro de uma realidade, descobre-se outra mais profunda, e nessa realidade mais profunda, percebe-se que tudo está ligado. Marta, ao reconhecer Cristo, sente a rede de seu amor envolvente estender-se. Por isso corre em busca da irmã. Marta vai chamar Maria porque deseja que ela também participe da vinda de Cristo. Age às escondidas, o que demonstra que era prudente diante dos hebreus presentes, conservando dentro de si essa grande novidade conquistada de Jesus como Filho de Deus, que será o primeiro motivo da condenação do Senhor à morte. Marta é transformada por um amor que a impede de ter qualquer atitude ou pensamento contrário ao amor. Sozinha, ela sabe que o amor faz festa quando se difunde, sem diminuição para ninguém. Se essa coisa tão bela aconteceu entre Cristo e Marta, ela não está tomada de ciúmes, atitude típica daqueles que não se sentem amados e que devem continuamente conquistar o amor. Marta compreende, em exata oposição ao filho mais velho da parábola do filho pródigo, que a alegria será plena se ela levar também a irmã ao Senhor.

Marta se torna uma figura contemplativa extraordinária, porque sua contemplação é, verdadeiramente, multidimensional. Marta consegue ver Deus no amigo Jesus. Essa autêntica contemplação cristológica continua a ser a vocação de cada cristão. E, como sabemos, a divindade e a humanidade de Cristo permanecem, através dos séculos, o ponto de verificação

Marta, a contemplativa

da autenticidade de nossa espiritualidade e de nossa teologia. Trata-se de um equilíbrio que, muitas vezes, fica comprometido. Como aproximação contemplativa autêntica, a abordagem espiritual não age em termos de equilíbrio, mas, percebendo a unidade dessas duas realidades na pessoa de Cristo, consegue distingui-las continuamente uma da outra. Daí brotam muitas conseqüências para a vida prática do cristão, como também abordagens mais complexas, do ponto de vista teológico, eclesiológico, pastoral etc. Uma aproximação dessa natureza não age segundo o modo que recordamos anteriormente, primeiramente o humano e, a seguir, o cristão, como também não conhece tendências espiritualistas. A contemplação cristológica autêntica procede com a mentalidade do símbolo, em que as realidades estão presentes concomitantemente, compenetradas, mas "sem confusão, sem mutação, sem divisão, sem separação", portanto não comprometidas e, por isso, não ameaçadas. É uma abordagem de integração, que na vida espiritual percorre um longo caminho, não fácil, mas redentor.

Ao mesmo tempo, Marta reconhece no rabi, no mestre, o Filho de Deus. "Rabi" é uma categoria bem precisa no interior da tradição religiosa hebraica, uma categoria que pertence, de modo estrito, às Sagradas Escrituras, à custódia mais atenta da tradição religiosa do Antigo Testamento. E o ponto do qual todos os peritos da tradição hebraica são mais ciosos é o monoteísmo radical e a transcendência absoluta de Deus. Ora, a riqueza da contemplação de Marta consiste no fato de que, nesse rabi, ela vê, de alguma forma, confluírem todos os sinais, as profecias e as figuras que, através dos séculos da Antiga Aliança, preparavam a vinda do Messias como Deus em pessoa. Por isso, Marta também permanece uma imagem requintada de uma contemplação que penetra os mistérios do Espírito na cultura, na religião, nos antigos ensinamentos. Hoje, talvez, dever-se-ia acentuar essa dimensão tão importante da contemplação, quando todo mundo se encontra diante de uma nova sensibilidade religiosa e intercultural.

Os amigos de Cristo, ainda que morram, viverão

▶ Ao chamado de Marta, Maria levanta-se da "casa de aflição", que é o significado do nome "Betânia", e corre em direção a Jesus. O verbo usado, *egérthe*, é um daqueles empregados no Novo Testamento para indicar a ressurreição. Com efeito, também Maria ressuscita caminhando em direção a Cristo, porque vai rumo à vida. Quando chega diante dele, suas primeiras palavras são idênticas às de Marta: exprimem, pois, a convicção de que a presença de Cristo já é vitória sobre a morte, porque onde ele se encontra ali está a vida. No chamado, então, está incluída também a Boa-Notícia de Cristo sobre si mesmo, escutada e acolhida por Marta havia pouco. Não é, porém, tarefa de Jesus preservar os seus da morte natural. "Vendo-o, prostrou-se a seus pés." O verbo que indica o ver é o mesmo da visão de fé, *horáo*, tanto é verdade que, a seguir, cai aos seus pés (cf. Lc 8,35). Os judeus, que lhe saíram no encalço, seguem-na chorando. Seguindo um discípulo do Senhor, sem que se dêem conta e sem o saber, vão ao encontro do próprio Senhor. Cristo pergunta onde haviam sepultado Lázaro. Aproxima-se da tumba e comove-se também, de modo que os presentes podem constatar o amor e a amizade que nutria por Lázaro.

Com efeito, sabedoria é saber contar os amigos quando se chora, e não quando se ri. É fácil ter amigos no divertimento. Mas a verdade da amizade revela-se nas lágrimas, na prova. As lágrimas, como indica nossa espiritualidade, são uma realidade complexa. Podem ser lágrimas de egoísmo ofendido, de orgulho ferido, de desespero, de tristeza, ou também lágrimas de impotência diante de uma tragédia. Mas podem também ser lágrimas de compaixão, de um amor que assume a dor e a tragédia do outro, e que sofre com quem sofre. Podem ser, ainda, lágrimas do penitente, que se transformam em lágrimas do perdão, da gratidão por ser perdoado. E podem ser lágrimas do pai que abraça de novo o filho que estava morto, mas que voltou à vida.

Esses versículos referentes às emoções de Cristo diante da tumba de Lázaro colocaram, algumas vezes, os Padres da Igreja em dificuldade, pois, influenciados por uma mentalidade estóica, quase não conseguiram conciliar aquilo que consideravam uma expressão de fraqueza com sua dignidade de Filho de Deus, e procuraram, de alguma forma, circunscrevê-la. Aqui, estamos diante de uma espécie de manifestação tangível, de testemunho concreto da verdade dogmática da encarnação proclamada no prólogo: "E o Verbo se fez carne" (Jo 1,14). Não somente o seu "quê", mas também o seu "como".

A *kénosis* de Cristo supõe todo o realismo da encarnação, e isso inclui também a força da compaixão, como também os sofrimentos que lhe serão reservados no Getsêmani e na cruz, até a morte. Com efeito, o verbo usado para exprimir, aqui, a perturbação de Jesus é o mesmo empregado em Jo 13,21 e em 14,1.27, sugerindo que Cristo assumiu de tal forma nossa humanidade que tomou sobre si esse transtorno, a fim de poupá-lo aos discípulos. Outros Padres da Igreja sublinharam como esse pranto de Jesus, expresso com um verbo diferente, em relação ao pranto de Maria e dos judeus, também queria indicar a natureza diferente da emoção expressa: Jesus não pode ter o mesmo pranto do ser humano incompleto, que se sente vencido pela morte. O seu pranto é um pranto que participa da dor, mas não do desespero. E é dor não tanto pela vida física perdida. Suas lágrimas são dor pelo ser humano, lágrimas de Deus perante a morte que separa os seres.

Os amigos de Cristo, ainda que morram, viverão

Jesus coloca-se, então, diante da tumba-gruta, contra a qual fora posta uma pedra. Trata-se de um contexto muito importante do ponto de vista espiritual. O ser humano olha sua vida na perspectiva de uma tumba que será fechada com a terra e com uma pedra em cima. Nessa ótica, nasce um pensamento que é conseqüência do pecado, ou seja, um pensamento que conjectura no âmbito da morte e que, por isso, produz uma cultura da morte. Podem existir espaços de consolação, de divertimento, de aturdimento para esquecer esse trágico destino, mas, no fim, essa pedra é inevitável.

Depois disso, ninguém poderá ser mudado, e uma inapelabilidade grave e opressiva parece recair sobre a vida de cada um. Agora, encontramos Cristo justamente diante dessa pedra, ele que é a ressurreição e a vida. Olha através da pedra e vê Lázaro, assim como será na sua ressurreição. Cristo ama Lázaro. E como o Pai ama o Filho e não o deixará apodrecer na terra, assim o Filho, porque ama Lázaro, não o deixará murchar na tumba.

Ao contrário, ele mesmo dirá que não perdeu nenhum dos que lhe foram confiados, mas todos serão entregues ao Pai (cf. Jo 17,12). Portanto todos serão vivificados, porque o Filho não entrega mortos ao Pai. Cristo olha, então, Lázaro, já com a pedra afastada. Trata-se da perspectiva invertida, ou seja, o olhar a vida a partir da tumba aberta. Sob esse ângulo, a morte abandona sua definitividade e o amor de Deus é que se torna definitivo. A pedra perde a opacidade, torna-se diáfana, a terra e toda a criação adquirem uma transparência densa, daquela luz do Espírito que caracteriza o pão eucarístico. A ressurreição possibilita ver o mundo na chave da transformação eucarística, em que as coisas adquirem uma característica de Cristo. Jesus ergue os olhos para o céu, sinal típico do orante, mas que tem também um valor sacerdotal (cf. Lm 3,41), como o demonstra o fato de que o encontramos, mais uma vez em Jo 17,1 e em Jo 6,5, justamente no contexto da multiplicação dos pães. E também a ação de graças sucessiva que Cristo pronuncia diante da tumba de Lázaro, que tem seu único precedente em Jo 6,11, sempre no âmbito da multiplicação dos pães, coloca tudo no quadro de uma bênção eucarística. Em Jo 6,11, Cristo dá graças pelo pão, mas esse pão exprimia e continha o dom que Jesus fazia de si mesmo (cf. Jo 6,51), pão que dá a vida que não morre. O nexo entre pão de vida, eucaristia e ressurreição é uma característica forte do evangelho de João.

Diferentemente dos demais evangelistas, João não narra a instituição da eucaristia, que nos comunica a vida de Cristo, porque se pode dizer que esse é todo o assunto de seu Evangelho. Ainda hoje, a Igreja se constitui em torno do evento eucarístico, no qual, durante a Páscoa do Senhor, atualizada no Memorial, o Espírito de Deus nos comunica, mediante aquilo que foi realizado na cruz, na ressurreição de Jesus, na totalidade do evento pascal, essa possibilidade nova de existência.

Cristo se volta para o Pai em voz alta, com uma espécie de brado. O verbo usado, *ekraúgasen*, "deu um grito", é um verbo no qual está cravejada toda a Paixão: a multidão grita quando entra em Jerusalém (12,13); quando escolhe Barrabás em seu lugar (18,40); quando querem crucificá-lo (19,6.12.15). E a expressão "em alta voz", que segue o verbo, é a mesma usada em Mt 27,46 e em Mc 15,34 para descrever o último grito de Jesus na cruz (como também em Dn 5,7 e Ap 1,10), em um contraste extraordinário entre o grito da multidão que escolhe a morte e leva à morte, e o grito de Jesus, que leva à vida. É, então, um brado de ressonâncias apocalípticas, que evoca os momentos decisivos, de separações, de luta cósmica decisiva entre o bem e o mal. Cristo lança um urro, uma espécie de grito de guerra e de vitória sobre as forças da morte, e aqueles que se encontram nos sepulcros ouvem sua voz de trombeta, e saem. Lázaro, que sai do sepulcro, é, portanto, uma antecipação da ressurreição final (cf. Jo 5,25-28).

Cristo dirige-se abertamente ao Pai mediante uma espécie de pedagogia divina para com os seres humanos. Não pede ao Pai. Entre o Pai e o Filho existe uma entrega total. Agradece-lhe e o faz por causa das pessoas que ali se encontram, a fim de que possam concluir que o Senhor da vida é Deus somente e que ele, portanto, que chama um morto à vida, não pode ser outro senão Deus. Ao mesmo tempo, quer indicar aos presentes que, estando já às portas de Jerusalém, ele aceitará a violência e a morte justamente porque tem o poder de dar a vida. Um amor radical assim tem o poder de converter um ato criminoso em amor. Por isso, a morte será derrotada, porque o amor entre Pai e Filho não admite nem sombra nem noite, pois é uma luz que não conhece o ocaso. Cristo ressuscita Lázaro, mas para dizer que ele é a ressurreição. E que, quem escuta sua palavra, não morre para sempre. Quem o acolhe, acolhe o Pai, e não pode ser separado da vida, que é o próprio Senhor. Por isso berra: "Lázaro, vem para fora!". De per si, essa frase não tem um verbo. Literalmente, diz: "Lázaro, aqui, fora!". O lugar de Lázaro é ali, junto ao Senhor, que é a ressurreição e a vida. Cristo mostra, de maneira explícita, que, quem adere a ele, ainda que morra, viverá. Revela, portanto, que aquele que adere a ele adere à vida eterna, que a tragédia causada pelo pecado de Adão foi derrotada e que não pode haver um peso definitivo sobre o ser humano. Tudo quanto temos recordado sobre a fragilidade humana, sobre a incapacidade do ser humano, sobre sua dor, sobre seu sofrimento, doença e morte, toda a sua inadequação é integrada e transformada a partir de uma única coisa, da amizade com Cristo, da adesão a ele, da acolhida de sua palavra, de um sair de uma condição de morte para viver ao lado do Senhor.

Essa imagem de Cristo diante de nossa tumba é, com efeito, imagem do nosso batismo. No batismo, tal como Lázaro na tumba, ouvimos a voz do Senhor. Aqui, cumpre-se o mistério da criação do ser humano, do chamado e da redenção. Nós já estamos na morte, porque nascemos mortos, mas Cristo nos chama para fora, posto que nossa vida esteja ainda marcada pela fragilidade humana, pela caducidade do corpo, pela vulnerabilidade da psique, pelo sangrar do espírito. A vontade criatural, uma vez tendo chamado o mal à existência, reencontra-o multiforme e multi-aparente. Vê-o existir como princípio antropológico (a vontade malvada do ser humano) e como princípio cósmico (o mal na natureza). Também a terra esconde o mal em suas vísceras. Por isso, é inevitável que morramos. Cristo, porém, não veio salvar-nos da morte, mas sim *na* morte. Ainda que morramos, viveremos, porque a morte não tem mais poder sobre nós. Cristo, entregando-se à morte, sendo ele a ressurreição, desativou o veneno da morte, seu aguilhão. Por isso fala de adormecer (cf. Jo 11,11), não de morrer. A verdadeira morte já está sobre nossos ombros, já nos alcançou no batismo.

Os antigos cristãos chamavam o batismo *photismós*, "iluminação". Certamente, não é por acaso que o episódio de Lázaro seja precedido pela cura do cego de nascença do capítulo 9 (retomada, aliás, em Jo 11,37). O tema de Jesus-luz, explanado no capítulo 9, e o de Jesus-vida, do episódio de Lázaro, já se haviam entretecido no prólogo, quando João descreve a relação do Verbo com os seres humanos: "Nele estava a vida e a vida era a luz dos seres humanos" (1,4).

Em seu ministério, Jesus, Verbo encarnado, dá luz e vida aos seres humanos como sinais da vida eterna que nos alcança no batismo. Desde então, vivendo o que é tipicamente humano, somos chamados a vivê-lo com Cristo na perspectiva invertida, ou seja, a partir da tumba aberta. Mas não é algo descontado acreditar que participamos desde agora da ressurreição. Também Marta, quando Cristo diz para que seja tirada a pedra, responde-lhe: "Senhor, já cheira mal. É o quarto dia!". E Cristo responde-lhe: "Não te disse que, se creres, verás a glória de Deus?". Apesar disso, Marta permanece uma clara imagem do verdadeiro crente e do verdadeiro contemplativo.

Os amigos de Cristo, ainda que morram, viverão

O Evangelho apresenta, de fato, até o fim, a fé como um processo, como uma dinâmica, uma evolução de amor, em que existem intuições que nos prendem e nos convertem, mas também os resíduos de um raciocínio fixado na lógica da morte, na prudência típica de quem não foi alcançado pelo perfeito amor. Na vida espiritual e na fé, nada é jamais previsível, para ninguém.

Em todo caso, é um mistério interessante que Maria, tão íntima de Cristo, não venha apresentada com essas intuições profundas, explícitas, como sua irmã.

Lázaro, amado tanto pelas irmãs como por Cristo, permanece aquela figura luminosa através da qual Cristo mostra o destino de todos os que aderiam a ele. A adesão a Cristo se explicita através das duas irmãs como uma adesão de amor que, escutando a palavra do Senhor, enamora-se dela com tanta força a ponto de tomar conta da pessoa inteira. Aderir a Jesus Cristo significa acolher sua palavra, levá-la dentro de si de maneira tão concreta como se acolhe o rosto e o corpo. E quem, assim, ama em Cristo todos aqueles aos quais quer bem, envolve-os nas faixas da ressurreição, e ele mesmo, ainda que morra, viverá. Com efeito, será o mesmo João a dizer que passamos da morte para a vida porque amamos os irmãos (cf. 1Jo 3,14). O amor, então, não é uma realidade simples, que se pode exaurir em um mandamento ético-moral, mas sim o fundamento daquela vida do ser humano que não perece, que não acaba mais. O amor também é, portanto, um princípio de conhecimento, aquele que consegue raciocinar para a vida, para aquela vida que não se exaure.

A contemplação

A verdade em sentido absoluto pode ser apenas o que não desfalece, que não ilude, que não engana, isto é, uma realidade fiel e constante. Ora, a experiência dramática de Marta diz respeito a seu amor. Ela ama e, de algum modo, intui que a verdade não pode ser senão o amor. Somente o amor faz intuir de modo concreto algo de inabalável, de eterno. Mas Lázaro morre. Então, Marta vive o drama do amor que parece revelar-se como não-verdade, como ilusão. É justamente nesse bívio que Marta se situa no início de sua aparição no evangelho de Lucas e em João. No início, a mulher parece alguém que pensa com as formas do amor, de como as coisas deveriam ser. E, no final, descobre a verdade, constata a concretude do amor e seu alcance.

Em Marta, entrevêem-se em filigrana duas aproximações à vida: uma mais agressiva, revolucionária, que vive constantemente em conflito entre o ideal e o real, que elabora continuamente teorias acerca de como deveriam ser as coisas e que, depois, cria mecanismos de violência sobre a vida, a fim de fazê-la entrar nestas teorias, mas que, incessantemente, deve constatar, com amargura, que a vida não pode ser empurrada em jaulas imaginárias e, por isso, começa a descarregar a culpa sobre os outros e a preparar o cenário para novas revoluções: reformas, reestruturações, correções... Do outro lado, existe a atitude do contemplativo, uma abordagem que tem seu início na admiração, no estupor. É uma atitude orante. A contemplação tem uma fase inicial purificadora. É preciso purificar os pensamentos. O pensamento puro é aquele que raciocina com amor, é uma inteligência de amor, uma inteligência agápica. Por isso é uma inteligência necessariamente concreta, que move toda a pessoa, envolvendo os outros e até mesmo a criação.

Mas é necessário purificar o pensamento, isentando-o da passionalidade. É necessário educar o pensamento, de modo que não se deixe mais impressionar pelo abismo de morte, à beira do qual se constrói a vida do ser humano. Trata-se de uma purificação do pensamento dos influxos obscuros dos medos, das raivas, dos ciúmes, das vinganças, dos antagonismos e do protagonismo, todos efeitos colaterais dessa voragem existencial à margem da qual vive, após o pecado, a pessoa criada. Evidentemente, o ser humano não está em condições de, sozinho, formar o próprio pensamento dessa maneira. Os Padres do Deserto ensinaram-nos que o início da contemplação é o Espírito Santo, que é o doador do amor e daquela luz que não apenas ilumina, mas também aquece e inflama por um amor concreto. Por isso a purificação da mente é, de um lado, um pedido constante pela descida do Espírito Santo e, por outro, consiste em pequenos passos feitos de exercícios concretos, a fim de empenhar a si mesmo no amor.

Mas que é que a contemplação mostra? Que é preciso enxergar? O sentido do amor, a verdade do amor. Ora, a verdade, como amor, é realizada em Cristo. Por isso, se o início da contemplação é uma atitude orante para a abertura ao Espírito Santo, é justamente o Espírito que nos faz ver Cristo e descobrir de modo concreto, palpável, como em Cristo o Pai nos coloca juntos e recolhe cada um de nós. Ao mesmo tempo, o Espírito nos faz ver em Cristo o sentido e a verdade de todos os nossos passos feitos no amor, também aqueles que formalmente não correspondem a nenhum ideal do amor, que são, pois, aqueles mais refinadamente pascais. A contemplação como "objeto" é explicada de modo extraordinário por são Paulo aos colossenses (cf. 1,13-20):

Ele nos arrancou
do poder das trevas
e nos transportou
para o Reino do seu Filho amado,
no qual temos a redenção —
a remissão dos pecados.
Ele é a imagem do Deus invisível,
o primogênito de toda criatura,
porque nele
foram criadas todas as coisas
nos céus e na terra,
as visíveis e as invisíveis:
tronos, soberanias,
principados, autoridades,
tudo foi criado por ele e para ele.
Ele é antes de tudo
e tudo nele subsiste.
Ele é a cabeça da Igreja, que é o seu corpo.
Ele é o princípio, o primogênito dos mortos,
(tendo em tudo a primazia),
pois nele aprouve a Deus
fazer habitar toda a plenitude
e reconciliar por ele e para ele todos os seres,
os da terra e os dos céus,
realizando a paz pelo sangue de sua cruz.

A contemplação significa ver a própria vida, a própria história, mas também a dos outros, dos povos, da Igreja, como um organismo inteira e intrinsecamente entretecido, coligado. A sabedoria divina custodia esse conjunto orgânico de tudo e de todos no grande projeto do Pai. E a realização no mundo criado, em nossa história, é Cristo. Por isso, o ser humano que se encaminha pela estrada da contemplação de forma correta tem intuições sapienciais e compreende que a vida segue a senda da sabedoria, não das teorias. A pessoa contemplativa colhe o risco e o limite grave representado por um pensamento construído sobre postulados racionais, sobre arrazoados nocionais, diferentemente de um pensamento que cresce organicamente a partir de uma base sapiencial, ancorado na participação da sabedoria divina.

Mas à humanidade, custa-lhe crer na contemplação. E cria continuamente sucedâneos da contemplação, porque a verdadeira contemplação, sendo um raciocínio de amor, é um conhecimento não possessivo, e não oferece, portanto, outras certezas senão as do amor. A mentalidade construída pela voragem da morte exige, ao contrário, uma certeza e uma clareza que possam ser possuídas e dominadas. E não compreende que justamente este é o pensamento passional e, portanto, um pensamento incapaz de atingir algum conteúdo significativo para a vida e da vida. A contemplação é, pois, uma espécie de espada que corta e divide um pensamento não possessivo, mas agápico, de um que, mesmo se declarando como tal, na realidade, é possessivo, absolutista, não suporta o diferente, rechaça-o, elimina-o. Um pensamento desse jaez sofre sempre uma espécie de dualismo entre o saber e o fazer, e a ponte que deveria ser construída entre essas duas realidades é sempre uma ética que, evidentemente, cai de imediato no moralismo.

Observando o texto de Jo 11, é desconcertante que o pensamento não contemplativo, isto é, o passional, queira eliminar Cristo, porque foge a seu raciocínio e porque, por meio deste, a diversidade é uma ameaça. Depois da ressurreição de Lázaro, muitos hebreus aderiram a Cristo, e isso fez com que os fariseus e os sumo sacerdotes, com todo o sinédrio, tirassem as conclusões desse sinal: "Que faremos? Este homem realiza muitos sinais. Se o deixarmos assim, todos crerão nele e os romanos virão, destruindo o nosso lugar santo e a nação" (Jo 11,47-48). Vê-se, nitidamente, um pensamento contaminado pelo medo por causa de si mesmo, do próprio poder. Trata-se, pois, da reação de um pensamento que se encontra perante uma novidade que não entra em seus esquemas. Não existindo uma aproximação

A contemplação

contemplativa, a questão é: "que fazer?". Evidentemente, é um raciocínio já bem adiantado na falsidade, porque é, claramente, um forçamento imputar à ressurreição de Lázaro e ao messianismo de Cristo a chegada dos romanos e a destruição do templo.

Mas é justamente isso o exemplo de um raciocínio de tal natureza, que encontra ganchos suficientes na história a fim de exprimir-se assim. Um tal raciocínio parece sempre evidente, óbvio, prenhe do peso da objetividade. Caifás levanta-se e diz: "Vós de nada entendeis. Não compreendeis que é de vosso interesse que um só homem morra pelo povo e não pereça a nação toda?" (Jo 11,49b-50). Caifás, falando na perfeita dialética típica de um raciocínio desse tipo, na realidade está dizendo uma coisa que o supera, mas que uma mente contemplativa, como a do evangelista João, pôde colher. Caifás está dizendo, com efeito, que a morte de Cristo será para a salvação não apenas da nação "mas também para congregar na unidade todos os filhos de Deus dispersos" (v. 52). Mas o raciocínio do sinédrio, com a intervenção de Caifás, a partir do momento que é um raciocínio passional, não pode concluir-se senão com a morte: "Então, a partir desse dia, resolveram matá-lo" (v. 53).

Um pensamento passional conspira, por isso não pode favorecer a vida, a não ser aparentemente, como, do mesmo modo superficial, um pensamento passional parece reunir as pessoas. Caifás colhe o consenso do sinédrio, aparentemente reunido, mas não se trata, de fato, de uma reunião verdadeira, visto que não garante a vida. Ao pensamento passional, aderem os passionais. A lógica que impulsiona um passional a amontoar-se aos objetos a fim de preencher o abismo sobre o qual se encontra é a mesma que espera que a multidão garanta e salve a vida. Mas, como sabemos, "multidão/legião" é o nome dado ao demônio. Em Mc 5,9, o endemoninhado apresenta-se com o nome de Legião, dizendo "porque somos muitos". A legião é um dispersar-se na multidão das afirmações da multiplicidade despersonalizada, onde se decompõe, ainda, a consciência do *eu*,

89

ou seja, o princípio da unidade pessoal. A multidão fragmenta a vida, divide-a, e isso constitui a obra do diabo. A multidão, portanto, não pode agir em favor da vida; pode-o somente a comunhão, a unidade. Somente em uma comunhão livre está garantida a vida de cada um.

O pensamento contemplativo é o pensamento que encontra a comunhão, que encontra a via da relação. Por isso é o pensamento da amizade. O pensamento passional leva a construir muros de inimizade, ao passo que o pensamento contemplativo faz entrever a rede de amizade tecida juntamente no universo.

A amizade espiritual

A relação de bem-aventurança, de felicidade plena e perfeita que vive no céu o Filho de Deus com o Pai se traduz na história da humanidade na humilhação dramática do tríduo pascal. O amor de Deus, como luz inacessível, como calor que faz germinar a vida, adquire, na história dos seres humanos, os traços do drama da liberdade. Aquilo que é a alegria da adesão livre no amor é também a tragédia dilacerante da liberdade marcada pelo pecado. A liberdade é a dimensão mais nobre do amor, aquela que faz acionar a dinâmica da união, do encontrar-se, do permanecer fiéis. Mas, na história da humanidade, essa liberdade torna-se o querer rapinante de arrancar, de ferir, a fim de afirmar unilateralmente um átomo isolado como totalidade. No céu, a santidade é a liberdade do amor que tudo mantém, que tudo une, que é a memória de tudo. O pecado, na história das pessoas, é o isolamento, o dilaceramento, o antagonismo das partes separadas, em que cada uma afirma a própria fragmentariedade como absoluta possibilidade de expressão e de afirmação, antes de desaparecer no esquecimento.

Por isso a salvação é percebida no mundo criatural como unidade reencontrada, como harmonia redescoberta, como concórdia dos opostos. A salvação é fazer viver sobre a terra aquilo que acontece no céu, ou seja, estar sobre a terra e encontrar-se já no céu. A salvação é a superação do abismo, do despedaçado. Por isso, é a experiência da coincidência. A salvação é encontrar, para além do próprio pecado, o *rosto* da misericórdia; descobrir, ultrapassando o próprio dilaceramento, um *coração* que une. E encontrar, sob os próprios receios, não mais um abismo, mas a tumba vazia e o anjo que, indicando as faixas, diz: "Não tenhais medo... Ressuscitou, como disse" (Mt 28,5-6).

A salvação torna o ser humano amigo. Aquilo que no céu é *ágape* de Deus, sobre a terra salvada é *filia* entre os seres humanos, é amizade. A amizade é a constatação da salvação em uma relação pessoal. O muro de inimizade é derrubado, e o Espírito Santo, que derrama em nossos corações o mesmo amor de Deus Pai, de repente, de surpresa, faz com que nos redescubramos como irmãos e irmãs no Filho. Uma grande força misteriosamente livre nos atrai uns para os outros. Como que movidos por um vento quente, ao qual voluntariamente não opomos resistência, mas abrimos os braços para sermos mais impulsionados na direção uns dos outros. É um dom particular no pentecostes da Igreja. A amizade espiritual é uma eclesialização do amor. É um acordo sobre a visão fundamental da vida e dos estilos de vida. A amizade é um amor que, justamente pela experiência particular da adesão livre de um ao outro, é uma especificação do ser irmãos e irmãs em Cristo.

Essa especificação acontece na dimensão totalmente pessoal do espírito. A amizade é, de fato, uma realidade estreitamente pessoal que, por causa de um traço preciso do espírito em uma pessoa, faz com que o outro adira à amizade no espírito. E este espírito não pode ser qualquer coisa, mas a abertura ao Espírito Santo, porque somente nesse Espírito é que podemos reconhecer-nos em Cristo. A amizade espiritual é uma união e um entendimento em Cristo. E visto que cada um está em Cristo de modo totalmente pessoal, a amizade espiritual significa colher as particularidades do outro, as quais fazem duas pessoas abrir-se à amizade. No amor eclesial, supra-individual, no qual todos somos irmãos e irmãs, a amizade é, de fato, um dos laços individuais do amor, uma relação pessoal no amor.

Justamente porque a amizade espiritual é uma relação pessoal no amor, deve viver essa integração do psíquico no espiritual,

A amizade espiritual

ainda que, em seu nascimento, tenha já essa visão espiritual. Do contrário, não seria amizade. Não se trata, portanto, de um crescimento linear ou temporal, mas é um modo simbólico de escutar, modo no qual, em uma realidade, já se entrevê e se experimenta outra mais profunda, ulterior.

A amizade faz-se como se faz uma obra de arte. Tomados, atraídos, e com um grande trabalho. Existe uma dimensão do canto na amizade, existe uma dimensão da dança, existe uma dimensão do movimento artístico do espírito e existe até mesmo cansaço, colaboração, empenho comum. Mas, aqui, também se descerra o mistério do drama. Também a amizade, como todo amor, conhece, ao mesmo tempo, a liberdade e, por isso, o drama. A amizade não conhece constrições e não exige retribuições nas relações. Por isso é sempre um salto, uma ascese. São próprias da amizade as longas noites de oração, de silêncio, de espera. Na amizade se espera um ao outro, no entanto se apressam juntos. A amizade conhece as veredas para os santuários, onde, distanciados, ocultos, ajoelhamo-nos, estreitamos a oração no coração, pedimos perdão entre lágrimas.

Em certo sentido, Marta e Maria vivem esse drama da amizade quando experimentam que, com seu amor, não conseguem manter Lázaro com vida: a morte e o mal arrebatam-no delas. As irmãs sentem que seu amor é total, mas este não consegue curar Lázaro. Como se experimentassem que, de um lado, seu amor é forte como se estivesse no céu mas, de outro lado, o drama da terra é demasiado cruel. Em seu amigo Jesus Cristo descobrem, porém, a unidade desse amor: o mesmo amor do céu é aquele do drama do mundo, por isso vencerá o mal do mundo. Em Cristo, portanto, reencontram Lázaro e, juntamente com ele, reencontram um novo relacionamento, porque reencontram também uma nova relação entre as duas. Mediante a passagem pascal da morte e da ressurreição, esse amor vive a máxima luminosidade do Espírito, mas um amor que já está presente desde o início de seu relacionamento. Portanto a amizade é vivida nesse

93

"espaço" que nos aproxima de modo novo, que é Cristo morto e ressuscitado. E a amizade é este dom da participação, de maneira toda pessoal, junto com outro, da salvação realizada por Cristo.

O amor materno e paterno é predominantemente unilateral e não pode exigir a retribuição. Os pais devem amar os filhos, e o mandamento de Deus não diz que os filhos devem amar os pais, mas honrá-los. Quando os pais exigem o amor dos filhos, açulam dinâmicas estranhas que garantem aos filhos anos de sofrimento psíquico e espiritual. O amor conjugal, o amor entre homem e mulher, é um amor que, quanto mais é exclusivo, mais é absoluto e mais sadio, mas é um amor que, justamente em sua lei intrínseca de exclusividade, protege a reciprocidade. Precisamente porque vive o amor conjugal, um pai não exige o amor dos filhos, a fim de que, assim, os filhos possam crescer num relacionamento livre, não condicionante. Por assim dizer, tanto o amor dos pais quanto o dos cônjuges, de algum modo, crescem rumo à amizade, crescem em direção a um amor baseado abertamente sobre o fato de serem redimidos. E ainda que as pessoas não saibam dar um nome à redenção, é a mesma amizade que começam a viver e a testemunhar que são visitadas por Deus.

A amizade faz saborear a confiança e a fidelidade. É um caminhar juntos no Espírito, onde o Espírito torna-se conhecido aos amigos. Por isso a amizade é a contemplação do Espírito, daquele Espírito que vivifica, que enfuna as velas do ser humano. Nesse percurso entre o drama de estar marcados pelo pecado e a contemplação do Espírito que dá a vida, o ser humano experimenta a própria redenção. A amizade é o testemunho mais fiel e autêntico daqueles que foram salvos. Por isso não existem formas preferidas, mas conhece o drama que se estende por todo o arco do tríduo pascal.

A celebração da amizade

▶ Jo 12,1-11:

> Seis dias antes da Páscoa, Jesus foi a Betânia, onde estava Lázaro, que ele ressuscitara dos mortos. Ofereceram-lhe um jantar. Marta servia e Lázaro era um dos que estavam à mesa com ele. Então, Maria, tendo tomado uma libra de um perfume de nardo puro, muito caro, ungiu os pés de Jesus e os enxugou com os cabelos. E a casa inteira ficou cheia do perfume do bálsamo. Disse, então, Judas Iscariotes, um de seus discípulos, aquele que o entregaria: "Por que não se vendeu este perfume por trezentos denários para dá-los aos pobres?". Ele disse isso não porque se preocupasse com os pobres, mas porque era ladrão e, tendo a bolsa comum, roubava o que aí era posto. Disse, então, Jesus: "Deixa-a. Ela conservará este perfume para o dia da minha sepultura! Pois sempre tereis pobres convosco, mas a mim nem sempre tereis". Grande multidão de judeus, tendo sabido que ele estava ali, veio, não só por causa de Jesus, mas também para ver Lázaro, que ele ressuscitara dos mortos. Os chefes dos sacerdotes decidiram, então, matar também a Lázaro, pois, por causa dele, muitos judeus se afastavam e criam em Jesus.

A contemplação leva à celebração da vida que se descobre sempre mais. As duas irmãs, de fato, organizam uma ceia em honra de Cristo, o Senhor da vida, a fim de celebrar, junto ao irmão que voltou à vida. A cena recorda, inevitavelmente, a parábola do filho pródigo, de Lucas, onde, em primeiro plano, está a festa, a vida que venceu a morte e que não pode senão suscitar a alegria de Deus, da qual participa o ser humano. Mas esta cena recorda também a última ceia, a única outra ceia de João, aquela na qual se dá o mandamento que explicita o conteúdo da eucaristia (13,34).

Marta serve. Ou seja, continua a fazer exatamente aquilo que fazia no início de nosso percurso. Só que algo mudou nela radicalmente. Quase poder-se-ia dizer que tudo mudou. É difícil intuir o sentimento de Marta quando agora está consciente de ter à mesa, em Betânia, em sua casa, o Filho de Deus. Quem sabe como se poderia descrever o que mudou em seu modo de ver, de pensar e de servir desde quando entregou sua vida ao Senhor que é a ressurreição e a vida... Certamente, mudaram seu olhar e sua relação com Maria, com Lázaro, com tudo. Também no que toca ao pão que leva para a mesa. Para ela, agora está claro aquilo que os discípulos, após a multiplicação dos pães, na barca, ainda não haviam compreendido — que Cristo é a Palavra e o pão.

O Evangelho narra que Maria espalha nos pés de Cristo um perfume precioso, de nardo puro, e os enxuga com seus cabelos. Uma imagem de desconcertante intimidade e ternura para com Cristo. Parece que esta cena vem acompanhada pela densidade dos silêncios dessa mulher que, nos textos lidos, só pronunciou uma única frase. Não é possível não enxergar nesse perfume que enche a casa a vitória do amor sobre o mau cheiro de Lázaro no sepulcro. Como não é possível não admitir que Maria, enamorada da palavra, não estivesse familiarizada com a linguagem do Cântico dos Cânticos, onde o gesto de ungir os pés, como nos avisam os exegetas, é sempre uma alusão ao rito nupcial. E isso deve ser lembrado também a propósito do lava-pés da última ceia, expressão não apenas de serviço, como norma da comunidade, mas também do amor que une Jesus aos seus. Maria, em seus cabelos, aprisiona o esposo (cf. Ct 7,6). Uma contemplação que é a celebração da vida, não em sentido enigmático, mas com

A celebração da amizade

um rosto preciso, com um corpo preciso, que com a imagem dos cabelos gostaria de deter o Senhor. Certamente, não com a posse. Todo o trecho está impregnado de ternura, mas, ao mesmo tempo, de absoluto respeito. Os cabelos não podem indicar a força, mas o fascínio, o amor, a simpatia. E enquanto se celebra o amor de modo tão denso de simbologia, de ungüentos, de perfumes, de alimentos e bebidas, Cristo afasta-se, sempre mais entregue à morte.

A comunidade se reúne para celebrar a vida que ele devolveu, para celebrar a amizade que arranca da morte o amigo, mas Jesus entra na morte. Lázaro saiu da tumba porque Cristo assumiu seu lugar. O Senhor chama suas ovelhas, elas ouvem sua voz e o seguem. Lázaro ouviu sua voz, reconheceu-a e veio para fora, para estar ao lado do Senhor, vivo com o Vivente.

Mas Cristo é condenado. Faz seu ingresso em Jerusalém a fim de entrar na morte. Aqui está a porta pela qual se entra e se sai. Nele saímos da morte para a vida, ele entra na morte a fim de juntar-se a nós, para acolher todos os mortos. Onde sua voz alcança, ele também ali chega. Ele é aquela porta pela qual os mortos podem viver em nosso meio, podem ter seu lugar na vida. E o que é a Igreja senão esse lugar no qual desaparece a fronteira entre os vivos e os mortos, porque em Deus todos estão vivos, essa humanidade em Deus, essa convocação sincrônica dos seres humanos de todos os tempos, de Adão até a última criança que ainda deve nascer, à Jerusalém celeste, convocação já desde agora expressa e vivida da maneira mais plena na liturgia, onde o corpo do Senhor está presente, todo inteiro, na celebração?

Marta e Maria, com seu amor, celebram o Messias. Silenciosamente, o pensamento da morte vai tomando conta do Senhor. Mas a contemplação das duas irmãs já alcançou a plenitude. Apesar de um pensamento violento, rapinante, camuflado de pretensa religiosidade estar a tirá-lo de cena, elas o acompanham

97

na morte, por meio da ressurreição. A unção de Maria não é apenas aquela do profeta, do rei e do sacerdote, mas é a do Messias, do Filho de Deus que o Pai não deixará corromper-se na tumba. E quando Judas Iscariotes diz: "Por que não se vendeu este perfume por trezentos denários para dá-los aos pobres?", nem Marta, nem Maria, nem Lázaro reagem, porque o olhar deles já está todo embebido do amor que consegue englobar no olhar sobre Cristo também esse mal. Mas é Cristo quem toma a defesa de Maria: "Deixa-a. Ela conservará este perfume para o dia da minha sepultura! Pois sempre tereis pobres convosco; mas a mim nem sempre tereis". Essa poderia ser uma das últimas palavras dramáticas de Cristo, dirigidas diretamente à sua comunidade.

A comunidade não será jamais formalmente perfeita; haverá, sempre, alguém que raciocinará como não-salvo, não obstante seja a comunidade dos redimidos. Haverá, sempre, alguém que raciocinará com o pensamento da morte, que olhará para os outros com paixão, com cálculo. Haverá, sempre, alguém que desprezará o Espírito, a contemplação, a amizade, o amor. Como também existirão, sempre, os pobres. O início do evangelho de João é o cenário de pecado em que age João Batista a fim de poder indicar o Cristo. E também que, no final, encontramos esses três amigos que celebram o Senhor da vida enquanto se derrama sobre ele o mal do mundo. Maria unge seu corpo com amor, com amizade total, transparente, luminosa, mas o rei que será aclamado com hosanas em seu ingresso em Jerusalém será, depois, rejeitado e entregue à morte fora dos muros da cidade santa, para uma humilhação declarada. Tal é o cenário onde a vida de Deus se revela como sua glória, que torna o ser humano redimido, ser humano vivente. O mal do mundo está a ponto de desencadear-se sobre ele, mas aqueles que o acolheram estão já transformados em uma nova humanidade capaz da comunhão à qual foram chamados.

A celebração da amizade

O mal e a morte estão na iminência de penetrar o corpo de Cristo, mas os seus já se acham penetrados pelo Espírito que dá a vida. Aquela mesma vida que perfuma de amor e unge o seu corpo para a ressurreição. A comunidade celebra a amizade que dá a vida celebrando a páscoa de Cristo e, na sua, a própria páscoa.

Sumário

Introdução 5

No início, a vocação 9

O cenário da vocação 15

O caminho da evangelização 21

A vocação 31

A vocação é uma amizade 39

Os amigos de Cristo adoecem 53

Como interpretar as conseqüências do pecado 59

A presença de Cristo dá a vida 65

Marta, a contemplativa 71

Os amigos de Cristo, ainda que morram, viverão ... 77

A contemplação 85

A amizade espiritual 91

A celebração da amizade 95

Rua Dona Inácia Uchoa, 62
04110-020 – São Paulo – SP (Brasil)
Tel.: (11) 2125-3500
http://www.paulinas.com.br – editora@paulinas.com.br
Telemarketing e SAC: 0800-7010081